T&P BOOKS

AFRIKAANS

WORTSCHATZ

FÜR DAS SELBSTSTUDIUM

DEUTSCH
AFRIKAANS

Die nützlichsten Wörter
Zur Erweiterung Ihres Wortschatzes und
Verbesserung der Sprachfertigkeit

5000 Wörter

Wortschatz Deutsch-Afrikaans für das Selbststudium - 5000 Wörter

Von Andrey Taranov

T&P Books Vokabelbücher sind dafür vorgesehen, beim Lernen einer Fremdsprache zu helfen, Wörter zu memorieren und zu wiederholen. Das Wörterbuch ist nach Themen aufgeteilt und deckt alle wichtigen Bereiche des täglichen Lebens, Berufs, Wissenschaft, Kultur etc. ab.

Durch das Benutzen der themenbezogenen T&P Books ergeben sich folgende Vorteile für den Lernprozess:

- Sachgemäß geordnete Informationen bestimmen den späteren Erfolg auf den darauffolgenden Stufen der Memorisierung
- Die Verfügbarkeit von Wörtern, die sich aus der gleichen Wurzel ableiten lassen, erlaubt die Memorisierung von Worteinheiten (mehr als bei einzeln stehenden Wörtern)
- Kleine Worteinheiten unterstützen den Aufbauprozess von assoziativen Verbindungen für die Festigung des Wortschatzes
- Die Kenntnis der Sprache kann aufgrund der Anzahl der gelernten Wörter eingeschätzt werden

T&P Books Publishing
www.tpbooks.com

ISBN: 978-1-78716-497-0

Dieses Buch ist auch im E-Book Format erhältlich.
Besuchen Sie uns auch auf www.tpbooks.com oder auf einer der bedeutenden Buchhandlungen online.

WORTSCHATZ DEUTSCH-AFRIKAANS
für das Selbststudium

Die Vokabelbücher von T&P Books sind dafür vorgesehen, Ihnen beim Lernen einer Fremdsprache zu helfen, Wörter zu memorieren und zu wiederholen. Der Wortschatz enthält über 5000 häufig gebrauchte, thematisch geordnete Wörter.

- Der Wortschatz enthält die am häufigsten benutzten Wörter
- Eignet sich als Ergänzung zu jedem Sprachkurs
- Erfüllt die Bedürfnisse von Anfängern und fortgeschrittenen Lernenden von Fremdsprachen
- Praktisch für den täglichen Gebrauch, zur Wiederholung und um sich selbst zu testen
- Ermöglicht es, Ihren Wortschatz einzuschätzen

Besondere Merkmale des Wortschatzes:

- Wörter sind entsprechend ihrer Bedeutung und nicht alphabetisch organisiert
- Wörter werden in drei Spalten präsentiert, um das Wiederholen und den Selbstüberprüfungsprozess zu erleichtern
- Wortgruppen werden in kleinere Einheiten aufgespalten, um den Lernprozess zu fördern
- Der Wortschatz bietet eine praktische und einfache Lautschrift jedes Wortes der Fremdsprache

Der Wortschatz hat 155 Themen, einschließlich:

Grundbegriffe, Zahlen, Farben, Monate, Jahreszeiten, Maßeinheiten, Kleidung und Accessoires, Essen und Ernährung, Restaurant, Familienangehörige, Verwandte, Charaktereigenschaften, Empfindungen, Gefühle, Krankheiten, Großstadt, Kleinstadt, Sehenswürdigkeiten, Einkaufen, Geld, Haus, Zuhause, Büro, Import & Export, Marketing, Arbeitssuche, Sport, Ausbildung, Computer, Internet, Werkzeug, Natur, Länder, Nationalitäten und vieles mehr...

INHALT

LEITFADEN FÜR DIE AUSSPRACHE

T&P phonetisches Alphabet	Afrikaans Beispiel	Deutsch Beispiel
[a]	land	schwarz
[ā]	straat	Zahlwort
[æ]	hout	ärgern
[o], [ɔ]	Australië	wohnen, oft
[e]	metaal	Pferde
[ɛ]	aanlê	essen
[ə]	filter	halte
[ɪ]	uur	Mitte
[i]	billik	ihr, finden
[ī]	naïef	Militärbasis
[o]	koppie	orange
[ø]	akteur	können
[œ]	fluit	Hölle
[u]	hulle	kurz
[ʊ]	hout	dumm
[b]	bakker	Brille
[d]	donder	Detektiv
[f]	navraag	fünf
[g]	burger	gelb
[h]	driehoek	brauchbar
[j]	byvoeg	Jacke
[k]	kamera	Kalender
[l]	loon	Juli
[m]	môre	Mitte
[n]	neef	Vorhang
[p]	pyp	Polizei
[r]	rigting	richtig
[s]	oplos	sein
[t]	lood, tenk	still
[v]	bewaar	November
[w]	oorwinnaar	schwanger
[z]	zoem	sein
[dʒ]	enjin	Kambodscha
[ʃ]	artisjok	Chance
[ŋ]	kans	Känguru
[tʃ]	tjek	Matsch
[ʒ]	beige	Regisseur
[x]	agent	billig

ABKÜRZUNGEN
die im Vokabular verwendet werden

Deutsch. Abkürzungen

Adj	-	Adjektiv
Adv	-	Adverb
Amtsspr.	-	Amtssprache
f	-	Femininum
f, n	-	Femininum, Neutrum
Fem.	-	Femininum
m	-	Maskulinum
m, f	-	Maskulinum, Femininum
m, n	-	Maskulinum, Neutrum
Mask.	-	Maskulinum
n	-	Neutrum
pl	-	Plural
Sg.	-	Singular
ugs.	-	umgangssprachlich
unzähl.	-	unzählbar
usw.	-	und so weiter
v mod	-	Modalverb
vi	-	intransitives Verb
vi, vt	-	intransitives, transitives Verb
vt	-	transitives Verb
zähl.	-	zählbar
z.B.	-	zum Beispiel

GRUNDBEGRIFFE

Grundbegriffe. Teil 1

1. Pronomen

ich	ek, my	[ɛk], [maj]
du	jy	[jaj]

er	hy	[haj]
sie	sy	[saj]
es	dit	[dit]

wir	ons	[ɔŋs]
ihr	julle	[jullə]
Sie (Sg.)	u	[u]
Sie (pl)	u	[u]
sie	hulle	[hullə]

2. Grüße. Begrüßungen. Verabschiedungen

Hallo! (ugs.)	Hallo!	[hallo!]
Hallo! (Amtsspr.)	Hallo!	[hallo!]
Guten Morgen!	Goeie môre!	[χuje mɔrə!]
Guten Tag!	Goeiemiddag!	[χuje·middaχ!]
Guten Abend!	Goeienaand!	[χuje·nānt!]

grüßen (vi, vt)	dagsê	[daχsɛ:]
Hallo! (ugs.)	Hallo!	[hallo!]
Gruß (m)	groet	[χrut]
begrüßen (vt)	groet	[χrut]
Wie geht's?	Hoe gaan dit?	[hu χān dit?]
Wie geht es Ihnen?	Hoe gaan dit?	[hu χān dit?]
Was gibt es Neues?	Hoe gaan dit?	[hu χān dit?]

Auf Wiedersehen!	Totsiens!	[totsiŋs!]
Wiedersehen! Tschüs!	Koebaai!	[kubāi!]
Bis bald!	Totsiens!	[totsiŋs!]
Lebe wohl!	Mooi loop!	[moj loəp!]
Leben Sie wohl!	Vaarwel!	[fārwel!]
sich verabschieden	afskeid neem	[afskæjt neəm]
Tschüs!	Koebaai!	[kubāi!]

Danke!	Dankie!	[danki!]
Dankeschön!	Baie dankie!	[baje danki!]
Bitte (Antwort)	Plesier	[plesir]
Keine Ursache.	Plesier!	[plesir!]

Nichts zu danken.	**Plesier**	[plesir]
Entschuldigen Sie!	**Verskoon my!**	[ferskoən maj!]
Entschuldige!	**Ekskuus!**	[ɛkskɪs!]
entschuldigen (vt)	**verskoon**	[ferskoən]
sich entschuldigen	**verskoning vra**	[ferskoniŋ fra]
Verzeihung!	**Verskoning**	[ferskoniŋ]
Es tut mir leid!	**Ek is jammer!**	[ɛk is jammər!]
verzeihen (vt)	**vergewe**	[ferχevə]
Das macht nichts!	**Maak nie saak nie!**	[mãk ni sãk ni!]
bitte (Die Rechnung, ~!)	**asseblief**	[asseblif]
Nicht vergessen!	**Vergeet dit nie!**	[ferχeet dit ni!]
Natürlich!	**Beslis!**	[beslis!]
Natürlich nicht!	**Natuurlik nie!**	[natɪrlik ni!]
Gut! Okay!	**OK!**	[okej!]
Es ist genug!	**Dis genoeg!**	[dis χenuχ!]

3. Jemanden ansprechen

Entschuldigen Sie!	**Verskoon my, ...**	[ferskoən maj, ...]
Herr	**meneer**	[meneər]
Frau	**mevrou**	[mefræʊ]
Frau (Fräulein)	**juffrou**	[juffræʊ]
Junger Mann	**jongman**	[joŋman]
Junge	**boet**	[but]
Mädchen	**sussie**	[sussi]

4. Grundzahlen. Teil 1

null	**nul**	[nul]
eins	**een**	[eən]
zwei	**twee**	[tweə]
drei	**drie**	[dri]
vier	**vier**	[fir]
fünf	**vyf**	[fajf]
sechs	**ses**	[ses]
sieben	**sewe**	[sevə]
acht	**ag**	[aχ]
neun	**nege**	[neχə]
zehn	**tien**	[tin]
elf	**elf**	[ɛlf]
zwölf	**twaalf**	[twãlf]
dreizehn	**dertien**	[dertin]
vierzehn	**veertien**	[feərtin]
fünfzehn	**vyftien**	[fajftin]
sechzehn	**sestien**	[sestin]
siebzehn	**sewetien**	[sevətin]
achtzehn	**agtien**	[aχtin]

neunzehn	negetien	[neχetin]
zwanzig	twintig	[twintəχ]
einundzwanzig	een-en-twintig	[eən-en-twintəχ]
zweiundzwanzig	twee-en-twintig	[tweə-en-twintəχ]
dreiundzwanzig	drie-en-twintig	[dri-en-twintəχ]
dreißig	dertig	[dertəχ]
einunddreißig	een-en-dertig	[eən-en-dertəχ]
zweiunddreißig	twee-en-dertig	[tweə-en-dertəχ]
dreiunddreißig	drie-en-dertig	[dri-en-dertəχ]
vierzig	veertig	[feərtəχ]
einundvierzig	een-en-veertig	[eən-en-feərtəχ]
zweiundvierzig	twee-en-veertig	[tweə-en-feərtəχ]
dreiundvierzig	vier-en-veertig	[fir-en-feərtəχ]
fünfzig	vyftig	[fajftəχ]
einundfünfzig	een-en-vyftig	[eən-en-fajftəχ]
zweiundfünfzig	twee-en-vyftig	[tweə-en-fajftəχ]
dreiundfünfzig	drie-en-vyftig	[dri-en-fajftəχ]
sechzig	sestig	[sestəχ]
einundsechzig	een-en-sestig	[eən-en-sestəχ]
zweiundsechzig	twee-en-sestig	[tweə-en-sestəχ]
dreiundsechzig	drie-en-sestig	[dri-en-sestəχ]
siebzig	sewentig	[seventəχ]
einundsiebzig	een-en-sewentig	[eən-en-seventəχ]
zweiundsiebzig	twee-en-sewentig	[tweə-en-seventəχ]
dreiundsiebzig	drie-en-sewentig	[dri-en-seventəχ]
achtzig	tagtig	[taχtəχ]
einundachtzig	een-en-tagtig	[eən-en-taχtəχ]
zweiundachtzig	twee-en-tagtig	[tweə-en-taχtəχ]
dreiundachtzig	drie-en-tagtig	[dri-en-taχtəχ]
neunzig	negentig	[neχentəχ]
einundneunzig	een-en-negentig	[eən-en-neχentəχ]
zweiundneunzig	twee-en-negentig	[tweə-en-neχentəχ]
dreiundneunzig	drie-en-negentig	[dri-en-neχentəχ]

5. Grundzahlen. Teil 2

einhundert	honderd	[hondərt]
zweihundert	tweehonderd	[twee·hondərt]
dreihundert	driehonderd	[dri·hondərt]
vierhundert	vierhonderd	[fir·hondərt]
fünfhundert	vyfhonderd	[fajf·hondərt]
sechshundert	seshonderd	[ses·hondərt]
siebenhundert	sewehonderd	[sevə·hondərt]
achthundert	aghonderd	[aχ·hondərt]
neunhundert	negehonderd	[neχə·hondərt]
eintausend	duisend	[dœisent]

zweitausend	**tweeduisend**	[twee·dœisent]
dreitausend	**drieduisend**	[dri·dœisent]
zehntausend	**tienduisend**	[tin·dœisent]
hunderttausend	**honderdduisend**	[hondərt·dajsent]
Million (f)	**miljoen**	[miljun]
Milliarde (f)	**miljard**	[miljart]

6. Ordnungszahlen

der erste	**eerste**	[eərstə]
der zweite	**tweede**	[tweedə]
der dritte	**derde**	[derdə]
der vierte	**vierde**	[firdə]
der fünfte	**vyfde**	[fajfdə]
der sechste	**sesde**	[sesdə]
der siebte	**sewende**	[sevendə]
der achte	**agste**	[aχstə]
der neunte	**negende**	[neχendə]
der zehnte	**tiende**	[tində]

7. Zahlen. Brüche

Bruch (m)	**breuk**	[brøək]
Hälfte (f)	**helfte**	[hɛlftə]
Drittel (n)	**derde**	[derdə]
Viertel (n)	**kwart**	[kwart]
Achtel (m, n)	**agste**	[aχstə]
Zehntel (n)	**tiende**	[tində]
zwei Drittel	**twee derde**	[twee derdə]
drei Viertel	**driekwart**	[drikwart]

8. Zahlen. Grundrechenarten

Subtraktion (f)	**aftrekking**	[aftrɛkkiŋ]
subtrahieren (vt)	**aftrek**	[aftrek]
Division (f)	**deling**	[deliŋ]
dividieren (vt)	**deel**	[deəl]
Addition (f)	**optelling**	[optɛlliŋ]
addieren (vt)	**optel**	[optəl]
hinzufügen (vt)	**optel**	[optəl]
Multiplikation (f)	**vermenigvuldiging**	[fermeniχ·fuldəχiŋ]
multiplizieren (vt)	**vermenigvuldig**	[fermeniχ·fuldəχ]

9. Zahlen. Verschiedenes

Ziffer (f)	**syfer**	[sajfər]
Zahl (f)	**nommer**	[nommər]

Zahlwort (n)	telwoord	[tɛlwoərt]
Minus (n)	minusteken	[minus·tekən]
Plus (n)	plusteken	[plus·tekən]
Formel (f)	formule	[formulə]

Berechnung (f)	berekening	[berekeniŋ]
zählen (vt)	tel	[təl]
berechnen (vt)	optel	[optəl]
vergleichen (vt)	vergelyk	[ferχəlajk]

Wie viel, -e?	Hoeveel?	[hufeəl?]
Summe (f)	som, totaal	[som], [totāl]
Ergebnis (n)	resultaat	[resultāt]
Rest (m)	oorskot	[oərskot]

wenig (Adv)	min	[min]
einige, ein paar	min	[min]
Übrige (n)	die res	[di res]
Dutzend (n)	dosyn	[dosajn]

entzwei (Adv)	middeldeur	[middəldøər]
zu gleichen Teilen	gelyk	[χelajk]
Hälfte (f)	helfte	[hɛlftə]
Mal (n)	maal	[māl]

10. Die wichtigsten Verben. Teil 1

abbiegen (nach links ~)	draai	[drāi]
abschicken (vt)	stuur	[stɪr]
ändern (vt)	verander	[ferandər]
Angst haben	bang wees	[baŋ veəs]

ankommen (vi)	aankom	[ānkom]
antworten (vi)	antwoord	[antwoərt]
arbeiten (vi)	werk	[verk]
auf ... zählen	reken op ...	[reken op ...]
aufbewahren (vt)	bewaar	[bevār]

aufschreiben (vt)	opskryf	[opskrajf]
ausgehen (vi)	uitgaan	[œitχān]
aussprechen (vt)	uitspreek	[œitspreək]

bedauern (vt)	jammer wees	[jammər veəs]
bedeuten (vt)	beteken	[betekən]
beenden (vt)	klaarmaak	[klārmāk]

befehlen (Milit.)	beveel	[befeəl]
befreien (Stadt usw.)	bevry	[befraj]
beginnen (vt)	begin	[beχin]

bemerken (vt)	raaksien	[rāksin]
beobachten (vt)	waarneem	[vārneəm]

berühren (vt)	aanraak	[ānrāk]

besitzen (vt)	besit	[besit]
besprechen (vt)	bespreek	[bespreɘk]
bestehen auf	aandring	[ãndriŋ]
bestellen (im Restaurant)	bestel	[bestɘl]

bestrafen (vt)	straf	[straf]
beten (vi)	bid	[bit]
bitten (vt)	vra	[fra]
brechen (vt)	breek	[breɘk]
denken (vi, vt)	dink	[dink]

drohen (vi)	dreig	[dræjχ]
Durst haben	dors wees	[dors veɘs]
einladen (vt)	uitnooi	[œitnoj]
einstellen (vt)	ophou	[ophæʊ]
einwenden (vt)	beswaar maak	[beswãr mãk]
empfehlen (vt)	aanbeveel	[ãnbefeɘl]

erklären (vt)	verduidelik	[ferdœeidɘlik]
erlauben (vt)	toestaan	[tustãn]
ermorden (vt)	doodmaak	[doɘdmãk]
erwähnen (vt)	verwys na	[ferwajs na]
existieren (vi)	bestaan	[bestãn]

11. Die wichtigsten Verben. Teil 2

fallen (vi)	val	[fal]
fallen lassen	laat val	[lãt fal]
fangen (vt)	vang	[faŋ]
finden (vt)	vind	[fint]
fliegen (vi)	vlieg	[fliχ]

folgen (Folge mir!)	volg ...	[folχ ...]
fortsetzen (vt)	aangaan	[ãnχãn]
fragen (vt)	vra	[fra]
frühstücken (vi)	ontbyt	[ontbajt]
geben (vt)	gee	[χeɘ]

gefallen (vi)	hou van	[hæʊ fan]
gehen (zu Fuß gehen)	gaan	[χãn]
gehören (vi)	behoort aan ...	[behoɘrt ãn ...]
graben (vt)	grawe	[χravɘ]

haben (vt)	hê	[hɛ:]
helfen (vi)	help	[hɛlp]
herabsteigen (vi)	afkom	[afkom]
hereinkommen (vi)	binnegaan	[binnɘχãn]

hoffen (vi)	hoop	[hoɘp]
hören (vt)	hoor	[hoɘr]
hungrig sein	honger wees	[hoŋɘr veɘs]
informieren (vt)	in kennis stel	[in kɛnnis stɘl]
jagen (vi)	jag	[jaχ]
kennen (vt)	ken	[ken]

klagen (vi)	kla	[kla]
können (v mod)	kan	[kan]
kontrollieren (vt)	kontroleer	[kontroleer]
kosten (vt)	kos	[kos]

kränken (vt)	beledig	[beledəχ]
lächeln (vi)	glimlag	[χlimlaχ]
lachen (vi)	lag	[laχ]
laufen (vi)	hardloop	[hardloəp]
leiten (Betrieb usw.)	beheer	[beheər]

lernen (vt)	studeer	[studeer]
lesen (vi, vt)	lees	[leəs]
lieben (vt)	liefhê	[lifhɛ:]
machen (vt)	doen	[dun]

mieten (Haus usw.)	huur	[hɪr]
nehmen (vt)	vat	[fat]
noch einmal sagen	herhaal	[herhāl]
nötig sein	nodig wees	[nodəχ veəs]
öffnen (vt)	oopmaak	[oəpmāk]

12. Die wichtigsten Verben. Teil 3

planen (vt)	beplan	[beplan]
prahlen (vi)	spog	[spoχ]
raten (vt)	aanraai	[ānrāi]
rechnen (vt)	tel	[təl]
reservieren (vt)	bespreek	[bespreək]

retten (vt)	red	[ret]
richtig raten (vt)	raai	[rāi]
rufen (um Hilfe ~)	roep	[rup]
sagen (vt)	sê	[sɛ:]
schaffen (Etwas Neues zu ~)	skep	[skep]

schelten (vt)	uitvaar teen	[œitfār teən]
schießen (vi)	skiet	[skit]
schmücken (vt)	versier	[fersir]
schreiben (vi, vt)	skryf	[skrajf]
schreien (vi)	skreeu	[skriʊ]

schweigen (vi)	stilbly	[stilblaj]
schwimmen (vi)	swem	[swem]
schwimmen gehen	gaan swem	[χān swem]
sehen (vi, vt)	sien	[sin]

sein (vi)	wees	[veəs]
sich beeilen	opskud	[opskut]
sich entschuldigen	verskoning vra	[ferskoniŋ fra]

sich interessieren	belangstel in ...	[belaŋstel in ...]
sich setzen	gaan sit	[χān sit]
sich weigern	weier	[væjer]

spielen (vi, vt)	speel	[speəl]
sprechen (vi)	praat	[prāt]
staunen (vi)	verbaas wees	[ferbās veəs]
stehlen (vt)	steel	[steəl]
stoppen (vt)	stilhou	[stilhæʊ]
suchen (vt)	soek ...	[suk ...]

13. Die wichtigsten Verben. Teil 4

täuschen (vt)	bedrieg	[bedrəχ]
teilnehmen (vi)	deelneem	[deəlneəm]
übersetzen (Buch usw.)	vertaal	[fertāl]
unterschätzen (vt)	onderskat	[ondərskat]
unterschreiben (vt)	teken	[tekən]

vereinigen (vt)	verenig	[ferenəχ]
vergessen (vt)	vergeet	[ferχeət]
vergleichen (vt)	vergelyk	[ferχəlajk]
verkaufen (vt)	verkoop	[ferkoəp]
verlangen (vt)	eis	[æjs]

versäumen (vt)	bank	[bank]
versprechen (vt)	beloof	[beloəf]
verstecken (vt)	wegsteek	[veχsteək]
verstehen (vt)	verstaan	[ferstān]
versuchen (vt)	probeer	[probeər]

verteidigen (vt)	verdedig	[ferdedəχ]
vertrauen (vi)	vertrou	[fertræʊ]
verwechseln (vt)	verwar	[ferwar]
verzeihen (vi, vt)	verskoon	[ferskoən]

| verzeihen (vt) | vergewe | [ferχevə] |
| voraussehen (vt) | voorsien | [foərsin] |

vorschlagen (vt)	voorstel	[foərstəl]
vorziehen (vt)	verkies	[ferkis]
wählen (vt)	kies	[kis]
warnen (vt)	waarsku	[vārsku]

| warten (vi) | wag | [vaχ] |
| weinen (vi) | huil | [hœil] |

wissen (vt)	weet	[veət]
Witz machen	grappies maak	[χrappis māk]
wollen (vt)	wil	[vil]

| zahlen (vt) | betaal | [betāl] |
| zeigen (jemandem etwas) | wys | [vajs] |

zu Abend essen	aandete gebruik	[āndetə χebrœik]
zu Mittag essen	gaan eet	[χān eət]
zubereiten (vt)	kook	[koək]
zustimmen (vi)	saamstem	[sāmstem]

zweifeln (vi)	**twyfel**	[twajfəl]

14. Farben

Farbe (f)	kleur	[kløər]
Schattierung (f)	skakering	[skakeriŋ]
Farbton (m)	tint	[tint]
Regenbogen (m)	reënboog	[rɛɛn·boəχ]

weiß	wit	[vit]
schwarz	swart	[swart]
grau	grys	[χrajs]

grün	groen	[χrun]
gelb	geel	[χeəl]
rot	rooi	[roj]

blau	blou	[blæʊ]
hellblau	ligblou	[liχ·blæʊ]
rosa	pienk	[pink]
orange	oranje	[oranje]
violett	pers	[pers]
braun	bruin	[brœin]

| golden | goue | [χæʊə] |
| silbrig | silweragtig | [silweraχtəχ] |

beige	beige	[bɛ:iʒ]
cremefarben	roomkleurig	[roəm·kløərəχ]
türkis	turkoois	[turkojs]
kirschrot	kersierooi	[kersi·roj]
lila	lila	[lila]
himbeerrot	karmosyn	[karmosajn]

hell	lig	[liχ]
dunkel	donker	[donkər]
grell	helder	[hɛldər]

Farb- (z.B. -stifte)	kleurig	[kløərəχ]
Farb- (z.B. -film)	kleur	[kløər]
schwarz-weiß	swart-wit	[swart-wit]
einfarbig	effe	[ɛffə]
bunt	veelkleurig	[feəlkløərəχ]

15. Fragen

Wer?	Wie?	[vi?]
Was?	Wat?	[vat?]
Wo?	Waar?	[vār?]
Wohin?	Waarheen?	[vārheən?]
Woher?	Waarvandaan?	[vārfandān?]
Wann?	Wanneer?	[vanneər?]
Wozu?	Hoekom?	[hukom?]
Warum?	Hoekom?	[hukom?]
Wofür?	Vir wat?	[fir vat?]

| Wie? | Hoe? | [hu?] |
| Welcher? | Watter? | [vattər?] |

Wem?	Vir wie?	[fir vi?]
Über wen?	Oor wie?	[oər vi?]
Wovon? (~ sprichst du?)	Oor wat?	[oər vat?]
Mit wem?	Met wie?	[met vi?]
Wie viel? Wie viele?	Hoeveel?	[hufeəl?]

16. Präpositionen

mit (Frau ~ Katzen)	met	[met]
ohne (~ Dich)	sonder	[sondər]
nach (~ London)	na	[na]
über (~ Geschäfte sprechen)	oor	[oər]
vor (z.B. ~ acht Uhr)	voor	[foər]
vor (z.B. ~ dem Haus)	voor ...	[foər ...]

unter (~ dem Schirm)	onder	[ondər]
über (~ dem Meeresspiegel)	oor	[oər]
auf (~ dem Tisch)	op	[op]
aus (z.B. ~ München)	uit	[œit]
aus (z.B. ~ Porzellan)	van	[fan]

| in (~ zwei Tagen) | oor | [oər] |
| über (~ zaun) | oor | [oər] |

17. Funktionswörter. Adverbien. Teil 1

Wo?	Waar?	[vãr?]
hier	hier	[hir]
dort	daar	[dãr]

| irgendwo | êrens | [ærɛŋs] |
| nirgends | nêrens | [nærɛŋs] |

| an (bei) | by | [baj] |
| am Fenster | by | [baj] |

Wohin?	Waarheen?	[vãrheən?]
hierher	hier	[hir]
dahin	soontoe	[soentu]
von hier	hiervandaan	[hirfandãn]
von da	daarvandaan	[dãrfandãn]

| nah (Adv) | naby | [nabaj] |
| weit, fern (Adv) | ver | [fer] |

in der Nähe von ...	naby	[nabaj]
in der Nähe	naby	[nabaj]
unweit (~ unseres Hotels)	nie ver nie	[ni fər ni]
link (Adj)	linker-	[linkər-]

| links (Adv) | op linkerhand | [op linkərhant] |
| nach links | na links | [na links] |

recht (Adj)	regter	[reχtər]
rechts (Adv)	op regterhand	[op reχtərhant]
nach rechts	na regs	[na reχs]

vorne (Adv)	voor	[foər]
Vorder-	voorste	[foərstə]
vorwärts	vooruit	[foərœit]

hinten (Adv)	agter	[aχtər]
von hinten	van agter	[fan aχtər]
rückwärts (Adv)	agtertoe	[aχtərtu]

| Mitte (f) | middel | [middəl] |
| in der Mitte | in die middel | [in di middəl] |

seitlich (Adv)	op die sykant	[op di sajkant]
überall (Adv)	orals	[orals]
ringsherum (Adv)	orals rond	[orals ront]

von innen (Adv)	van binne	[fan binnə]
irgendwohin (Adv)	êrens	[ærɛŋs]
geradeaus (Adv)	reguit	[reχœit]
zurück (Adv)	terug	[teruχ]

| irgendwoher (Adv) | êrens vandaan | [ærɛŋs fandān] |
| von irgendwo (Adv) | êrens vandaan | [ærɛŋs fandān] |

erstens	in die eerste plek	[in di eərstə plek]
zweitens	in die tweede plek	[in di tweedə plek]
drittens	in die derde plek	[in di derdə plek]

plötzlich (Adv)	skielik	[skilik]
zuerst (Adv)	aan die begin	[ān di beχin]
zum ersten Mal	vir die eerste keer	[fir di eərstə keər]
lange vor...	lank voordat ...	[lank foərdat ...]
von Anfang an	opnuut	[opnɪt]
für immer	vir goed	[fir χut]

nie (Adv)	nooit	[nojt]
wieder (Adv)	weer	[veər]
jetzt (Adv)	nou	[næʊ]
oft (Adv)	dikwels	[dikwɛls]
damals (Adv)	toe	[tu]
dringend (Adv)	dringend	[driŋəŋ]
gewöhnlich (Adv)	gewoonlik	[χevoənlik]

übrigens, ...	terloops, ...	[terloəps], [...]
möglicherweise (Adv)	moontlik	[moentlik]
wahrscheinlich (Adv)	waarskynlik	[vārskajnlik]
vielleicht (Adv)	dalk	[dalk]
außerdem ...	trouens ...	[træʊɛŋs ...]
deshalb ...	dis hoekom ...	[dis hukom ...]
trotz ...	ondanks ...	[ondanks ...]

dank ...	danksy ...	[danksaj ...]
was (~ ist denn?)	wat	[vat]
das (~ ist alles)	dat	[dat]
etwas	iets	[its]
irgendwas	iets	[its]
nichts	niks	[niks]

wer (~ ist ~?)	wie	[vi]
jemand	iemand	[imant]
irgendwer	iemand	[imant]

niemand	niemand	[nimant]
nirgends	nêrens	[nærɛŋs]
niemandes (~ Eigentum)	niemand se	[nimant sə]
jemandes	iemand se	[imant sə]

so (derart)	so	[so]
auch	ook	[oək]
ebenfalls	ook	[oək]

18. Funktionswörter. Adverbien. Teil 2

| Warum? | Waarom? | [vārom?] |
| weil ... | omdat ... | [omdat ...] |

und	en	[ɛn]
oder	of	[of]
aber	maar	[mār]
für (präp)	vir	[fir]

zu (~ viele)	te	[te]
nur (~ einmal)	net	[net]
genau (Adv)	presies	[presis]
etwa	ongeveer	[onχəfeər]

ungefähr (Adv)	ongeveer	[onχəfeər]
ungefähr (Adj)	geraamde	[χerāmdə]
fast	amper	[ampər]
Übrige (n)	die res	[di res]

der andere	die ander	[di andər]
andere	ander	[andər]
jeder (~ Mann)	elke	[ɛlkə]
beliebig (Adj)	enige	[ɛniχə]
viel	baie	[baje]
viele Menschen	baie mense	[baje mɛŋsə]
alle (wir ~)	almal	[almal]

im Austausch gegen ...	in ruil vir ...	[in rœil fir ...]
dafür (Adv)	as vergoeding	[as ferχudiŋ]
mit der Hand (Hand-)	met die hand	[met di hant]
schwerlich (Adv)	skaars	[skārs]
wahrscheinlich (Adv)	waarskynlik	[vārskajnlik]
absichtlich (Adv)	opsetlik	[opsetlik]

zufällig (Adv)	toevallig	[tufalləχ]
sehr (Adv)	baie	[baje]
zum Beispiel	byvoorbeeld	[bajfoərbeəlt]
zwischen	tussen	[tussən]
unter (Wir sind ~ Mördern)	tussen	[tussən]
so viele (~ Ideen)	so baie	[so baje]
besonders (Adv)	veral	[feral]

Grundbegriffe. Teil 2

19. Wochentage

Montag (m)	Maandag	[mãndaχ]
Dienstag (m)	Dinsdag	[dinsdaχ]
Mittwoch (m)	Woensdag	[voɛŋsdaχ]
Donnerstag (m)	Donderdag	[dondərdaχ]
Freitag (m)	Vrydag	[frajdaχ]
Samstag (m)	Saterdag	[satərdaχ]
Sonntag (m)	Sondag	[sondaχ]
heute	vandag	[fandaχ]
morgen	môre	[mɔrə]
übermorgen	oormôre	[oərmɔrə]
gestern	gister	[χistər]
vorgestern	eergister	[eərχistər]
Tag (m)	dag	[daχ]
Arbeitstag (m)	werksdag	[verks·daχ]
Feiertag (m)	openbare vakansiedag	[openbarə fakaŋsi·daχ]
freier Tag (m)	verlofdag	[ferlofdaχ]
Wochenende (n)	naweek	[naveək]
den ganzen Tag	die hele dag	[di helə daχ]
am nächsten Tag	die volgende dag	[di folχendə daχ]
zwei Tage vorher	twee dae gelede	[tweə daə χeledə]
am Vortag	die dag voor	[di daχ foər]
täglich (Adj)	daeliks	[daəliks]
täglich (Adv)	elke dag	[ɛlkə daχ]
Woche (f)	week	[veək]
letzte Woche	laas week	[lãs veək]
nächste Woche	volgende week	[folχendə veək]
wöchentlich (Adj)	weekliks	[veəkliks]
wöchentlich (Adv)	weekliks	[veəkliks]
jeden Dienstag	elke Dinsdag	[ɛlkə dinsdaχ]

20. Stunden. Tag und Nacht

Morgen (m)	oggend	[oχent]
morgens	soggens	[soχɛŋs]
Mittag (m)	middag	[middaχ]
nachmittags	in die namiddag	[in di namiddaχ]
Abend (m)	aand	[ãnt]
abends	saans	[sãŋs]
Nacht (f)	nag	[naχ]

nachts	snags	[snaχs]
Mitternacht (f)	middernag	[middərnaχ]

Sekunde (f)	sekonde	[sekondə]
Minute (f)	minuut	[minɪt]
Stunde (f)	uur	[ɪr]
eine halbe Stunde	n halfuur	[n halfɪr]
fünfzehn Minuten	vyftien minute	[fajftin minutə]
Tag und Nacht	24 ure	[fir-en-twintəχ urə]

Sonnenaufgang (m)	sonop	[son·op]
Morgendämmerung (f)	daeraad	[daerāt]
früher Morgen (m)	elke oggend	[ɛlkə oχent]
Sonnenuntergang (m)	sononder	[son·ondər]

früh am Morgen	vroegdag	[fruχdaχ]
heute Morgen	vanmôre	[fanmɔrə]
morgen früh	môreoggend	[mɔrə·oχent]

heute Mittag	vanmiddag	[fanmiddaχ]
nachmittags	in die namiddag	[in di namiddaχ]
morgen Nachmittag	môremiddag	[mɔrə·middaχ]

heute Abend	vanaand	[fanānt]
morgen Abend	môreaand	[mɔrə·ānt]

Punkt drei Uhr	klokslag 3 uur	[klokslaχ dri ɪr]
gegen vier Uhr	omstreeks 4 uur	[omstreeks fir ɪr]
um zwölf Uhr	teen 12 uur	[teən twalf ɪr]

in zwanzig Minuten	oor twintig minute	[oər twintəχ minutə]
rechtzeitig (Adv)	betyds	[betajds]

Viertel vor ...	kwart voor ...	[kwart foər ...]
alle fünfzehn Minuten	elke 15 minute	[ɛlkə fajftin minutə]
Tag und Nacht	24 uur per dag	[fir-en-twintəχ pər daχ]

21. Monate. Jahreszeiten

Januar (m)	Januarie	[januari]
Februar (m)	Februarie	[februari]
März (m)	Maart	[mārt]
April (m)	April	[april]
Mai (m)	Mei	[mæj]
Juni (m)	Junie	[juni]

Juli (m)	Julie	[juli]
August (m)	Augustus	[ɔuχustus]
September (m)	September	[septembər]
Oktober (m)	Oktober	[oktobər]
November (m)	November	[nofembər]
Dezember (m)	Desember	[desembər]
Frühling (m)	lente	[lentə]
im Frühling	in die lente	[in di lentə]

Frühlings-	lente-	[lente-]
Sommer (m)	somer	[somər]
im Sommer	in die somer	[in di somər]
Sommer-	somerse	[somərsə]

Herbst (m)	herfs	[herfs]
im Herbst	in die herfs	[in di herfs]
Herbst-	herfsagtige	[herfsaχtiχə]

Winter (m)	winter	[vintər]
im Winter	in die winter	[in di vintər]
Winter-	winter-	[vintər-]

Monat (m)	maand	[mānt]
in diesem Monat	hierdie maand	[hirdi mānt]
nächsten Monat	volgende maand	[folχendə mānt]
letzten Monat	laasmaand	[lāsmānt]
in zwei Monaten	oor twe maande	[oər twe māndə]

monatlich (Adj)	maandeliks	[māndəliks]
monatlich (Adv)	maandeliks	[māndəliks]
jeden Monat	elke maand	[ɛlkə mānt]

Jahr (n)	jaar	[jār]
dieses Jahr	hierdie jaar	[hirdi jār]
nächstes Jahr	volgende jaar	[folχendə jār]
voriges Jahr	laasjaar	[lāʃār]
in zwei Jahren	binne twee jaar	[binnə tweə jār]

jedes Jahr	elke jaar	[ɛlkə jār]
jährlich (Adj)	jaarliks	[jārliks]
jährlich (Adv)	jaarliks	[jārliks]
viermal pro Jahr	4 keer per jaar	[fir keər pər jār]

Datum (heutige ~)	datum	[datum]
Datum (Geburts-)	datum	[datum]
Kalender (m)	kalender	[kalendər]

Halbjahr (n)	ses maande	[ses māndə]
Saison (f)	seisoen	[sæjsun]
Jahrhundert (n)	eeu	[iʋ]

22. Maßeinheiten

Gewicht (n)	gewig	[χeveχ]
Länge (f)	lengte	[leŋtə]
Breite (f)	breedte	[breedtə]
Höhe (f)	hoogte	[hoəχtə]
Tiefe (f)	diepte	[diptə]
Volumen (n)	volume	[folumə]
Fläche (f)	area	[area]

| Gramm (n) | gram | [χram] |
| Milligramm (n) | milligram | [milliχram] |

Kilo (n)	kilogram	[kiloχram]
Tonne (f)	ton	[ton]
Pfund (n)	pond	[pont]
Unze (f)	ons	[ɔŋs]

Meter (m)	meter	[metər]
Millimeter (m)	millimeter	[millimetər]
Zentimeter (m)	sentimeter	[sentimetər]
Kilometer (m)	kilometer	[kilometər]
Meile (f)	myl	[majl]

Zoll (m)	duim	[dœim]
Fuß (m)	voet	[fut]
Yard (n)	jaart	[jãrt]

| Quadratmeter (m) | vierkante meter | [firkantə metər] |
| Hektar (n) | hektaar | [hektãr] |

Liter (m)	liter	[litər]
Grad (m)	graad	[χrãt]
Volt (n)	volt	[folt]
Ampere (n)	ampère	[ampɛ:r]
Pferdestärke (f)	perdekrag	[perdə·kraχ]

Anzahl (f)	hoeveelheid	[hufeəlhæjt]
Hälfte (f)	helfte	[hɛlftə]
Dutzend (n)	dosyn	[dosajn]
Stück (n)	stuk	[stuk]

| Größe (f) | grootte | [χroəttə] |
| Maßstab (m) | skaal | [skãl] |

minimal (Adj)	minimaal	[minimãl]
der kleinste	die kleinste	[di klæəjnstə]
mittler, mittel-	medium	[medium]
maximal (Adj)	maksimaal	[maksimãl]
der größte	die grootste	[di χroətstə]

23. Behälter

Glas (Einmachglas)	glaspot	[χlas·pot]
Dose (z.B. Bierdose)	blikkie	[blikki]
Eimer (m)	emmer	[ɛmmər]
Fass (n), Tonne (f)	drom	[drom]

Waschschüssel (n)	wasbak	[vas·bak]
Tank (m)	tenk	[tɛnk]
Flachmann (m)	heupfles	[høəp·fles]
Kanister (m)	petrolblik	[petrol·blik]
Zisterne (f)	tenk	[tɛnk]

Kaffeebecher (m)	beker	[bekər]
Tasse (f)	koppie	[koppi]
Untertasse (f)	piering	[piriŋ]

Wasserglas (n)	glas	[χlas]
Weinglas (n)	wynglas	[vajn·χlas]
Kochtopf (m)	soppot	[sop·pot]

| Flasche (f) | bottel | [bottəl] |
| Flaschenhals (m) | nek | [nek] |

Karaffe (f)	kraffie	[kraffi]
Tonkrug (m)	kruik	[krœik]
Gefäß (n)	houer	[hæʋər]
Tontopf (m)	pot	[pot]
Vase (f)	vaas	[fãs]

Flakon (n)	bottel	[bottəl]
Fläschchen (n)	botteltjie	[bottɛlki]
Tube (z.B. Zahnpasta)	buisie	[bœisi]

Sack (~ Kartoffeln)	sak	[sak]
Tüte (z.B. Plastiktüte)	sak	[sak]
Schachtel (f) (z.B. Zigaretten~)	pakkie	[pakki]

Karton (z.B. Schuhkarton)	kartondoos	[karton·doəs]
Kiste (z.B. Bananenkiste)	krat	[krat]
Korb (m)	mandjie	[manʤi]

DER MENSCH

Der Mensch. Körper

24. Kopf

Kopf (m)	kop	[kop]
Gesicht (n)	gesig	[χesəχ]
Nase (f)	neus	[nøəs]
Mund (m)	mond	[mont]

Auge (n)	oog	[oəχ]
Augen (pl)	oë	[oɛ]
Pupille (f)	pupil	[pupil]
Augenbraue (f)	wenkbrou	[vɛnk·bræʊ]
Wimper (f)	ooghaar	[oəχ·hãr]
Augenlid (n)	ooglid	[oəχ·lit]

Zunge (f)	tong	[toŋ]
Zahn (m)	tand	[tant]
Lippen (pl)	lippe	[lippə]
Backenknochen (pl)	wangbene	[vaŋ·benə]
Zahnfleisch (n)	tandvleis	[tand·flæjs]
Gaumen (m)	verhemelte	[fer·hemɛltə]

Nasenlöcher (pl)	neusgate	[nøəsχatə]
Kinn (n)	ken	[ken]
Kiefer (m)	kakebeen	[kakebeən]
Wange (f)	wang	[vaŋ]

Stirn (f)	voorhoof	[foərhoəf]
Schläfe (f)	slaap	[slãp]
Ohr (n)	oor	[oər]
Nacken (m)	agterkop	[aχtərkop]
Hals (m)	nek	[nek]
Kehle (f)	keel	[keəl]

Haare (pl)	haar	[hãr]
Frisur (f)	kapsel	[kapsəl]
Haarschnitt (m)	haarstyl	[hãrstajl]
Perücke (f)	pruik	[prœik]

Schnurrbart (m)	snor	[snor]
Bart (m)	baard	[bãrt]
haben (einen Bart ~)	dra	[dra]
Zopf (m)	vlegsel	[fleχsəl]
Backenbart (m)	bakkebaarde	[bakkəbãrdə]
rothaarig	rooiharig	[roj·harəχ]
grau	grys	[χrajs]

kahl	kaal	[kāl]
Glatze (f)	kaal plek	[kāl plek]

Pferdeschwanz (m)	poniestert	[poni·stert]
Pony (Ponyfrisur)	gordyntjiekapsel	[χordajnki·kapsəl]

25. Menschlicher Körper

Hand (f)	hand	[hant]
Arm (m)	arm	[arm]

Finger (m)	vinger	[fiŋər]
Zehe (f)	toon	[toən]
Daumen (m)	duim	[dœim]
kleiner Finger (m)	pinkie	[pinki]
Nagel (m)	nael	[naəl]

Faust (f)	vuis	[fœis]
Handfläche (f)	palm	[palm]
Handgelenk (n)	pols	[pols]
Unterarm (m)	voorarm	[foərarm]
Ellbogen (m)	elmboog	[ɛlmboəχ]
Schulter (f)	skouer	[skæʊər]

Bein (n)	been	[beən]
Fuß (m)	voet	[fut]
Knie (n)	knie	[kni]
Wade (f)	kuit	[kœit]
Hüfte (f)	heup	[høəp]
Ferse (f)	hakskeen	[hak·skeən]

Körper (m)	liggaam	[liχχām]
Bauch (m)	maag	[māχ]
Brust (f)	bors	[bors]
Busen (m)	bors	[bors]
Seite (f), Flanke (f)	sy	[saj]
Rücken (m)	rug	[ruχ]
Kreuz (n)	lae rug	[laə ruχ]
Taille (f)	middel	[middəl]

Nabel (m)	naeltjie	[naɛlki]
Gesäßbacken (pl)	boude	[bæʊdə]
Hinterteil (n)	sitvlak	[sitflak]

Leberfleck (m)	moesie	[musi]
Muttermal (n)	moedervlek	[mudər·flek]
Tätowierung (f)	tatoe	[tatu]
Narbe (f)	litteken	[littekən]

Kleidung & Accessoires

26. Oberbekleidung. Mäntel

Kleidung (f)	klere	[klerə]
Oberkleidung (f)	oorklere	[oərklerə]
Winterkleidung (f)	winterklere	[vintər·klerə]
Mantel (m)	jas	[jas]
Pelzmantel (m)	pelsjas	[pelʃas]
Pelzjacke (f)	kort pelsjas	[kort pelʃas]
Daunenjacke (f)	donsjas	[donʃas]
Jacke (z.B. Lederjacke)	baadjie	[bādʒi]
Regenmantel (m)	reënjas	[rɛnjas]
wasserdicht	waterdig	[vatərdəχ]

27. Men's & women's clothing

Hemd (n)	hemp	[hemp]
Hose (f)	broek	[bruk]
Jeans (pl)	denimbroek	[denim·bruk]
Jackett (n)	baadjie	[bādʒi]
Anzug (m)	pak	[pak]
Damenkleid (n)	rok	[rok]
Rock (m)	romp	[romp]
Bluse (f)	bloes	[blus]
Strickjacke (f)	gebreide baadjie	[χebræjdə bādʒi]
Jacke (Damen Kostüm)	baadjie	[bādʒi]
T-Shirt (n)	T-hemp	[te-hemp]
Shorts (pl)	kortbroek	[kort·bruk]
Sportanzug (m)	sweetpak	[sweet·pak]
Bademantel (m)	badjas	[batjas]
Schlafanzug (m)	pajama	[pajama]
Sweater (m)	trui	[trœi]
Pullover (m)	trui	[trœi]
Weste (f)	onderbaadjie	[ondər·bādʒi]
Frack (m)	swaelstertbaadjie	[swaɛlstert·bādʒi]
Smoking (m)	aandpak	[āntpak]
Uniform (f)	uniform	[uniform]
Arbeitskleidung (f)	werksklere	[verks·klerə]
Overall (m)	oorpak	[oərpak]
Kittel (z.B. Arztkittel)	jas	[jas]

28. Kleidung. Unterwäsche

Unterwäsche (f)	onderklere	[ondərklerə]
Herrenslip (m)	onderbroek	[ondərbruk]
Damenslip (m)	onderbroek	[ondərbruk]
Unterhemd (n)	frokkie	[frokki]
Socken (pl)	sokkies	[sokkis]
Nachthemd (n)	nagrok	[naχrok]
Büstenhalter (m)	bra	[bra]
Kniestrümpfe (pl)	kniekouse	[kni·kæʊsə]
Strumpfhose (f)	kousbroek	[kæʊsbruk]
Strümpfe (pl)	kouse	[kæʊsə]
Badeanzug (m)	baaikostuum	[bāj·kostɪm]

29. Kopfbekleidung

Mütze (f)	hoed	[hut]
Filzhut (m)	hoed	[hut]
Baseballkappe (f)	bofbalpet	[bofbal·pet]
Schiebermütze (f)	pet	[pet]
Baskenmütze (f)	mus	[mus]
Kapuze (f)	kap	[kap]
Panamahut (m)	panamahoed	[panama·hut]
Strickmütze (f)	gebreide mus	[χebræjdə mus]
Kopftuch (n)	kopdoek	[kopduk]
Damenhut (m)	dameshoed	[dames·hut]
Schutzhelm (m)	veiligheidshelm	[fæjliχæjts·hɛlm]
Feldmütze (f)	mus	[mus]
Helm (z.B. Motorradhelm)	helmet	[hɛlmet]
Melone (f)	bolhoed	[bolhut]
Zylinder (m)	hoëhoed	[hoɛhut]

30. Schuhwerk

Schuhe (pl)	skoeisel	[skuisəl]
Stiefeletten (pl)	mansskoene	[maŋs·skunə]
Halbschuhe (pl)	damesskoene	[dames·skunə]
Stiefel (pl)	laarse	[lārsə]
Hausschuhe (pl)	pantoffels	[pantoffəls]
Tennisschuhe (pl)	tennisskoene	[tɛnnis·skunə]
Leinenschuhe (pl)	tekkies	[tɛkkis]
Sandalen (pl)	sandale	[sandalə]
Schuster (m)	skoenmaker	[skun·makər]
Absatz (m)	hak	[hak]

Paar (n)	paar	[pār]
Schnürsenkel (m)	skoenveter	[skun·fetər]
schnüren (vt)	ryg	[rajχ]
Schuhlöffel (m)	skoenlepel	[skun·lepəl]
Schuhcreme (f)	skoenpolitoer	[skun·politur]

31. Persönliche Accessoires

Handschuhe (pl)	handskoene	[handskunə]
Fausthandschuhe (pl)	duimhandskoene	[dœim·handskunə]
Schal (Kaschmir-)	serp	[serp]

Brille (f)	bril	[bril]
Brillengestell (n)	raam	[rām]
Regenschirm (m)	sambreel	[sambreəl]
Spazierstock (m)	wandelstok	[vandəl·stok]
Haarbürste (f)	haarborsel	[hār·borsəl]
Fächer (m)	waaier	[vājer]

Krawatte (f)	das	[das]
Fliege (f)	strikkie	[strikki]
Hosenträger (pl)	kruisbande	[krœis·bandə]
Taschentuch (n)	sakdoek	[sakduk]

Kamm (m)	kam	[kam]
Haarspange (f)	haarspeld	[hārs·pɛlt]
Haarnadel (f)	haarpen	[hār·pen]
Schnalle (f)	gespe	[χespə]

| Gürtel (m) | belt | [bɛlt] |
| Umhängegurt (m) | skouerband | [skæʋer·bant] |

Tasche (f)	handsak	[hand·sak]
Handtasche (f)	beursie	[bøərsi]
Rucksack (m)	rugsak	[ruχsak]

32. Kleidung. Verschiedenes

Mode (f)	mode	[modə]
modisch	in die mode	[in di modə]
Modedesigner (m)	modeontwerper	[modə·ontwerpər]

Kragen (m)	kraag	[krãχ]
Tasche (f)	sak	[sak]
Taschen-	sak-	[sak-]
Ärmel (m)	mou	[mæʋ]
Aufhänger (m)	lussie	[lussi]
Hosenschlitz (m)	gulp	[χulp]

Reißverschluss (m)	ritssluiter	[rits·slœiter]
Verschluss (m)	vasmaker	[fasmakər]
Knopf (m)	knoop	[knoəp]

| Knopfloch (n) | knoopsgat | [knoeps·χat] |
| abgehen (Knopf usw.) | loskom | [loskom] |

nähen (vi, vt)	naai	[nāi]
sticken (vt)	borduur	[bordɪr]
Stickerei (f)	borduurwerk	[bordɪr·werk]
Nadel (f)	naald	[nālt]
Faden (m)	garing	[χariŋ]
Naht (f)	soom	[soəm]

sich beschmutzen	vuil word	[fœil vort]
Fleck (m)	vlek	[flek]
sich knittern	kreukel	[krøəkəl]
zerreißen (vt)	skeur	[skøər]
Motte (f)	mot	[mot]

33. Kosmetikartikel. Kosmetik

Zahnpasta (f)	tandepasta	[tandə·pasta]
Zahnbürste (f)	tandeborsel	[tandə·borsəl]
Zähne putzen	tande borsel	[tandə borsəl]

Rasierer (m)	skeermes	[skeər·mes]
Rasiercreme (f)	skeerroom	[skeər·roəm]
sich rasieren	skeer	[skeər]

| Seife (f) | seep | [seəp] |
| Shampoo (n) | sjampoe | [ʃampu] |

Schere (f)	skêr	[skær]
Nagelfeile (f)	naelvyl	[naɛl·fajl]
Nagelzange (f)	naelknipper	[naɛl·knippər]
Pinzette (f)	haartangetjie	[hārtaŋəki]

Kosmetik (f)	kosmetika	[kosmetika]
Gesichtsmaske (f)	gesigmasker	[χesiχ·maskər]
Maniküre (f)	manikuur	[manikɪr]
Maniküre machen	laat manikuur	[lāt manikɪr]
Pediküre (f)	voetbehandeling	[fut·behandeliŋ]

Kosmetiktasche (f)	kosmetika tassie	[kosmetika tassi]
Puder (m)	gesigpoeier	[χesiχ·pujer]
Puderdose (f)	poeierdosie	[pujer·dosi]
Rouge (n)	blosser	[blossər]

Parfüm (n)	parfuum	[parfɪm]
Duftwasser (n)	reukwater	[røək·vatər]
Lotion (f)	vloeiroom	[flui·roəm]
Kölnischwasser (n)	reukwater	[røək·vatər]

Lidschatten (m)	oogskadu	[oeχ·skadu]
Kajalstift (m)	oogomlyner	[oeχ·omlajner]
Wimperntusche (f)	maskara	[maskara]
Lippenstift (m)	lipstiffie	[lip·stiffi]

Nagellack (m)	naellak	[naɛl·lak]
Haarlack (m)	haarsproei	[hārs·prui]
Deodorant (n)	reukweermiddel	[røək·veərmiddəl]

Creme (f)	room	[roəm]
Gesichtscreme (f)	gesigroom	[χesiχ·roəm]
Handcreme (f)	handroom	[hand·roəm]
Anti-Falten-Creme (f)	antirimpelroom	[antirimpəl·roəm]
Tagescreme (f)	dagroom	[daχ·roəm]
Nachtcreme (f)	nagroom	[naχ·roəm]
Tages-	dag-	[daχ-]
Nacht-	nag-	[naχ-]

Tampon (m)	tampon	[tampon]
Toilettenpapier (n)	toiletpapier	[tojlet·papir]
Föhn (m)	haardroër	[hār·droɛr]

34. Armbanduhren Uhren

Armbanduhr (f)	polshorlosie	[pols·horlosi]
Zifferblatt (n)	wyserplaat	[vajsər·plāt]
Zeiger (m)	wyster	[vajstər]
Metallarmband (n)	metaal horlosiebandjie	[metāl horlosi·bandʒi]
Uhrenarmband (n)	horlosiebandjie	[horlosi·bandʒi]

Batterie (f)	battery	[battəraj]
verbraucht sein	pap wees	[pap veəs]
vorgehen (vi)	voorloop	[foərloəp]
nachgehen (vi)	agterloop	[aχtərloəp]

Wanduhr (f)	muurhorlosie	[mɪr·horlosi]
Sanduhr (f)	uurglas	[ɪr·χlas]
Sonnenuhr (f)	sonwyser	[son·wajsər]
Wecker (m)	wekker	[vɛkkər]
Uhrmacher (m)	horlosiemaker	[horlosi·makər]
reparieren (vt)	herstel	[herstəl]

Essen. Ernährung

35. Essen

Fleisch (n)	vleis	[flæjs]
Hühnerfleisch (n)	hoender	[hundər]
Küken (n)	braaikuiken	[brāj·kœiken]
Ente (f)	eend	[eent]
Gans (f)	gans	[χaŋs]
Wild (n)	wild	[vilt]
Pute (f)	kalkoen	[kalkun]

Schweinefleisch (n)	varkvleis	[fark·flæjs]
Kalbfleisch (n)	kalfsvleis	[kalfs·flæjs]
Hammelfleisch (n)	lamsvleis	[lams·flæjs]
Rindfleisch (n)	beesvleis	[bees·flæjs]
Kaninchenfleisch (n)	konynvleis	[konajn·flæjs]

Wurst (f)	wors	[vors]
Würstchen (n)	Weense worsie	[veɛŋsə vorsi]
Schinkenspeck (m)	spek	[spek]
Schinken (m)	ham	[ham]
Räucherschinken (m)	gerookte ham	[χeroəktə ham]

Pastete (f)	patee	[pateə]
Leber (f)	lewer	[levər]
Hackfleisch (n)	maalvleis	[māl·flæjs]
Zunge (f)	tong	[toŋ]

Ei (n)	eier	[æjer]
Eier (pl)	eiers	[æjers]
Eiweiß (n)	eierwit	[æjer·wit]
Eigelb (n)	dooier	[dojer]

Fisch (m)	vis	[fis]
Meeresfrüchte (pl)	seekos	[see·kos]
Krebstiere (pl)	skaaldiere	[skāldirə]
Kaviar (m)	kaviaar	[kafiār]

Krabbe (f)	krab	[krap]
Garnele (f)	garnaal	[χarnāl]
Auster (f)	oester	[ustər]
Languste (f)	seekreef	[see·kreəf]
Krake (m)	seekat	[see·kat]
Kalmar (m)	pylinkvis	[pajl·inkfis]

Störfleisch (n)	steur	[støər]
Lachs (m)	salm	[salm]
Heilbutt (m)	heilbot	[hæjlbot]
Dorsch (m)	kabeljou	[kabeljæʊ]

Makrele (f)	makriel	[makril]
Tunfisch (m)	tuna	[tuna]
Aal (m)	paling	[paliŋ]

Forelle (f)	forel	[forəl]
Sardine (f)	sardyn	[sardajn]
Hecht (m)	varswatersnoek	[farswatər·snuk]
Hering (m)	haring	[hariŋ]

Brot (n)	brood	[broət]
Käse (m)	kaas	[kās]
Zucker (m)	suiker	[sœikər]
Salz (n)	sout	[sæʊt]

Reis (m)	rys	[rajs]
Teigwaren (pl)	pasta	[pasta]
Nudeln (pl)	noedels	[nudɛls]

Butter (f)	botter	[bottər]
Pflanzenöl (n)	plantaardige olie	[plantārdiχə oli]
Sonnenblumenöl (n)	sonblomolie	[sonblom·oli]
Margarine (f)	margarien	[marχarin]

| Oliven (pl) | olywe | [olajvə] |
| Olivenöl (n) | olyfolie | [olajf·oli] |

Milch (f)	melk	[melk]
Kondensmilch (f)	kondensmelk	[kondɛŋs·melk]
Joghurt (m)	jogurt	[joχurt]
saure Sahne (f)	suurroom	[sɪr·roəm]
Sahne (f)	room	[roəm]

| Mayonnaise (f) | mayonnaise | [majonɛs] |
| Buttercreme (f) | crème | [krɛm] |

Grütze (f)	ontbytgraan	[ontbajt·χrān]
Mehl (n)	meelblom	[meəl·blom]
Konserven (pl)	blikkieskos	[blikkis·kos]

Maisflocken (pl)	mielievlokkies	[mili·flokkis]
Honig (m)	heuning	[høəniŋ]
Marmelade (f)	konfyt	[konfajt]
Kaugummi (m, n)	kougom	[kæʊχom]

36. Getränke

Wasser (n)	water	[vatər]
Trinkwasser (n)	drinkwater	[drink·vatər]
Mineralwasser (n)	mineraalwater	[minerāl·vatər]

still	sonder gas	[sondər χas]
mit Kohlensäure	soda-	[soda-]
mit Gas	bruis-	[brœis-]
Eis (n)	ys	[ajs]

mit Eis	met ys	[met ajs]
alkoholfrei (Adj)	nie-alkoholies	[ni-alkoholis]
alkoholfreies Getränk (n)	koeldrank	[kul·drank]
Erfrischungsgetränk (n)	verfrissende drank	[ferfrissendə drank]
Limonade (f)	limonade	[limonadə]
Spirituosen (pl)	likeure	[likøørə]
Wein (m)	wyn	[vajn]
Weißwein (m)	witwyn	[vit·vajn]
Rotwein (m)	rooiwyn	[roj·vajn]
Likör (m)	likeur	[likøər]
Champagner (m)	sjampanje	[ʃampanje]
Wermut (m)	vermoet	[fermut]
Whisky (m)	whisky	[vhiskaj]
Wodka (m)	vodka	[fodka]
Gin (m)	jenever	[jenefər]
Kognak (m)	brandewyn	[brandə·vajn]
Rum (m)	rum	[rum]
Kaffee (m)	koffie	[koffi]
schwarzer Kaffee (m)	swart koffie	[swart koffi]
Milchkaffee (m)	koffie met melk	[koffi met melk]
Cappuccino (m)	capuccino	[kaputʃino]
Pulverkaffee (m)	poeierkoffie	[pujer·koffi]
Milch (f)	melk	[melk]
Cocktail (m)	mengeldrankie	[menχəl·dranki]
Milchcocktail (m)	melkskommel	[melk·skommel]
Saft (m)	sap	[sap]
Tomatensaft (m)	tamatiesap	[tamati·sap]
Orangensaft (m)	lemoensap	[lemoən·sap]
frisch gepresster Saft (m)	vars geparste sap	[fars χeparstə sap]
Bier (n)	bier	[bir]
Helles (n)	ligte bier	[liχtə bir]
Dunkelbier (n)	donker bier	[donkər bir]
Tee (m)	tee	[teə]
schwarzer Tee (m)	swart tee	[swart teə]
grüner Tee (m)	groen tee	[χrun teə]

37. Gemüse

Gemüse (n)	groente	[χruntə]
grünes Gemüse (pl)	groente	[χruntə]
Tomate (f)	tamatie	[tamati]
Gurke (f)	komkommer	[komkommər]
Karotte (f)	wortel	[vortəl]
Kartoffel (f)	aartappel	[ārtappəl]
Zwiebel (f)	ui	[œi]

Knoblauch (m)	knoffel	[knoffəl]
Kohl (m)	kool	[koəl]
Blumenkohl (m)	blomkool	[blom·koəl]
Rosenkohl (m)	Brusselspruite	[brussɛl·sprœitə]
Brokkoli (m)	broccoli	[brokoli]

Rote Bete (f)	beet	[beət]
Aubergine (f)	eiervrug	[æjerfruχ]
Zucchini (f)	vingerskorsie	[fiŋər·skorsi]
Kürbis (m)	pampoen	[pampun]
Rübe (f)	raap	[rãp]

Petersilie (f)	pietersielie	[pitərsili]
Dill (m)	dille	[dillə]
Kopf Salat (m)	slaai	[slãi]
Sellerie (m)	seldery	[selderaj]
Spargel (m)	aspersie	[aspersi]
Spinat (m)	spinasie	[spinasi]

Erbse (f)	ertjie	[ɛrki]
Bohnen (pl)	boontjies	[boənkis]
Mais (m)	mielie	[mili]
weiße Bohne (f)	nierboontjie	[nir·boənki]

Paprika (m)	paprika	[paprika]
Radieschen (n)	radys	[radajs]
Artischocke (f)	artisjok	[artiʃok]

38. Obst. Nüsse

Frucht (f)	vrugte	[fruχtə]
Apfel (m)	appel	[appəl]
Birne (f)	peer	[peər]
Zitrone (f)	suurlemoen	[sɪr·lemun]
Apfelsine (f)	lemoen	[lemun]
Erdbeere (f)	aarbei	[ãrbæj]

Mandarine (f)	nartjie	[narki]
Pflaume (f)	pruim	[prœim]
Pfirsich (m)	perske	[perskə]
Aprikose (f)	appelkoos	[appɛlkoəs]
Himbeere (f)	framboos	[framboəs]
Ananas (f)	pynappel	[pajnappəl]

Banane (f)	piesang	[pisaŋ]
Wassermelone (f)	waatlemoen	[vãtlemun]
Weintrauben (pl)	druif	[drœif]
Kirsche (f)	kersie	[kersi]
Sauerkirsche (f)	suurkersie	[sɪr·kersi]
Süßkirsche (f)	soetkersie	[sut·kersi]
Melone (f)	spanspek	[spaŋspek]

| Grapefruit (f) | pomelo | [pomelo] |
| Avocado (f) | avokado | [afokado] |

Papaya (f)	papaja	[papaja]
Mango (f)	mango	[manχo]
Granatapfel (m)	granaat	[χranãt]

rote Johannisbeere (f)	rooi aalbessie	[roj ãlbɛssi]
schwarze Johannisbeere (f)	swartbessie	[swartbɛssi]
Stachelbeere (f)	appelliefie	[appɛllifi]
Heidelbeere (f)	bosbessie	[bosbɛssi]
Brombeere (f)	braambessie	[brãmbɛssi]

Rosinen (pl)	rosyntjie	[rosajnki]
Feige (f)	vy	[faj]
Dattel (f)	dadel	[dadəl]

Erdnuss (f)	grondboontjie	[χront·boənki]
Mandel (f)	amandel	[amandəl]
Walnuss (f)	okkerneut	[okkər·nøət]
Haselnuss (f)	haselneut	[hasɛl·nøət]
Kokosnuss (f)	klapper	[klappər]
Pistazien (pl)	pistachio	[pistatʃio]

39. Brot. Süßigkeiten

Konditorwaren (pl)	soet gebak	[sut χebak]
Brot (n)	brood	[broət]
Keks (m, n)	koekies	[kukis]

Schokolade (f)	sjokolade	[ʃokoladə]
Schokoladen-	sjokolade	[ʃokoladə]
Bonbon (m, n)	lekkers	[lɛkkərs]
Kuchen (m)	koek	[kuk]
Torte (f)	koek	[kuk]

| Kuchen (Apfel-) | pastei | [pastæj] |
| Füllung (f) | vulsel | [fulsəl] |

Konfitüre (f)	konfyt	[konfajt]
Marmelade (f)	marmelade	[marmeladə]
Waffeln (pl)	wafels	[vafɛls]
Eis (n)	roomys	[roəm·ajs]
Pudding (m)	poeding	[pudiŋ]

40. Gerichte

Gericht (n)	gereg	[χerəχ]
Küche (f)	kookkuns	[koək·kuns]
Rezept (n)	resep	[resep]
Portion (f)	porsie	[porsi]

Salat (m)	slaai	[slãi]
Suppe (f)	sop	[sop]
Brühe (f), Bouillon (f)	helder sop	[hɛldər sop]

| belegtes Brot (n) | toebroodjie | [tubroədʒi] |
| Spiegelei (n) | gabakte eiers | [χabaktə æjers] |

| Hamburger (m) | hamburger | [hamburχər] |
| Beefsteak (n) | biefstuk | [bifstuk] |

Beilage (f)	sygereg	[saj·χerəχ]
Spaghetti (pl)	spaghetti	[spaχɛtti]
Kartoffelpüree (n)	kapokaartappels	[kapok·ārtappəls]
Pizza (f)	pizza	[pizza]
Brei (m)	pap	[pap]
Omelett (n)	omelet	[oməlet]

gekocht	gekook	[χekoək]
geräuchert	gerook	[χeroək]
gebraten	gebak	[χebak]
getrocknet	gedroog	[χedroəχ]
tiefgekühlt	gevries	[χefris]
mariniert	gepiekel	[χepikəl]

süß	soet	[sut]
salzig	sout	[sæʊt]
kalt	koud	[kæʊt]
heiß	warm	[varm]
bitter	bitter	[bittər]
lecker	smaaklik	[smāklik]

kochen (vt)	kook in water	[koək in vatər]
zubereiten (vt)	kook	[koək]
braten (vt)	braai	[braj]
aufwärmen (vt)	opwarm	[opwarm]

salzen (vt)	sout	[sæʊt]
pfeffern (vt)	peper	[pepər]
reiben (vt)	rasp	[rasp]
Schale (f)	skil	[skil]
schälen (vt)	skil	[skil]

41. Gewürze

Salz (n)	sout	[sæʊt]
salzig (Adj)	sout	[sæʊt]
salzen (vt)	sout	[sæʊt]

schwarzer Pfeffer (m)	swart peper	[swart pepər]
roter Pfeffer (m)	rooi peper	[roj pepər]
Senf (m)	mosterd	[mostert]
Meerrettich (m)	peperwortel	[peper·wortəl]

Gewürz (n)	smaakmiddel	[smāk·middəl]
Gewürz (n)	spesery	[spesəraj]
Soße (f)	sous	[sæʊs]
Essig (m)	asyn	[asajn]
Anis (m)	anys	[anajs]

Basilikum (n)	basilikum	[basilikum]
Nelke (f)	naeltjies	[naɛlkis]
Ingwer (m)	gemmer	[χɛmmər]
Koriander (m)	koljander	[koljandər]
Zimt (m)	kaneel	[kaneəl]

Sesam (m)	sesamsaad	[sesam·sãt]
Lorbeerblatt (n)	lourierblaar	[læʊrir·blãr]
Paprika (m)	paprika	[paprika]
Kümmel (m)	komynsaad	[komajnsãt]
Safran (m)	saffraan	[saffrãn]

42. Mahlzeiten

| Essen (n) | kos | [kɵs] |
| essen (vi, vt) | eet | [eət] |

Frühstück (n)	ontbyt	[ontbajt]
frühstücken (vi)	ontbyt	[ontbajt]
Mittagessen (n)	middagete	[middaχ·etə]
zu Mittag essen	gaan eet	[χãn eət]
Abendessen (n)	aandete	[ãndetə]
zu Abend essen	aandete gebruik	[ãndetə χebrœik]

| Appetit (m) | aptyt | [aptajt] |
| Guten Appetit! | Smaaklike ete! | [smãklikə etə!] |

öffnen (vt)	oopmaak	[oəpmãk]
verschütten (vt)	mors	[mors]
verschüttet werden	mors	[mors]

kochen (vi)	kook	[koək]
kochen (Wasser ~)	kook	[koək]
gekocht (Adj)	gekook	[χekoək]
kühlen (vt)	laat afkoel	[lãt afkul]
abkühlen (vi)	afkoel	[afkul]

| Geschmack (m) | smaak | [smãk] |
| Beigeschmack (m) | nasmaak | [nasmãk] |

auf Diät sein	vermaer	[fermaər]
Diät (f)	dieet	[diət]
Vitamin (n)	vitamien	[fitamin]
Kalorie (f)	kalorie	[kalori]
Vegetarier (m)	vegetariër	[feχetariɛr]
vegetarisch (Adj)	vegetaries	[feχetaris]

Fett (n)	vette	[fɛttə]
Protein (n)	proteïen	[proteïen]
Kohlenhydrat (n)	koolhidrate	[koəlhidratə]

Scheibchen (n)	snytjie	[snajki]
Stück (ein ~ Kuchen)	stuk	[stuk]
Krümel (m)	krummel	[krumməl]

43. Gedeck

Löffel (m)	**lepel**	[lepəl]
Messer (n)	**mes**	[mes]
Gabel (f)	**vurk**	[furk]

Tasse (eine ~ Tee)	**koppie**	[koppi]
Teller (m)	**bord**	[bort]
Untertasse (f)	**piering**	[piriŋ]
Serviette (f)	**servet**	[serfət]
Zahnstocher (m)	**tandestokkie**	[tandə·stokki]

44. Restaurant

Restaurant (n)	**restaurant**	[restɔurant]
Kaffeehaus (n)	**koffiekroeg**	[koffi·kruχ]
Bar (f)	**kroeg**	[kruχ]
Teesalon (m)	**teekamer**	[teə·kamər]

Kellner (m)	**kelner**	[kɛlnər]
Kellnerin (f)	**kelnerin**	[kɛlnerin]
Barmixer (m)	**kroegman**	[kruχman]

Speisekarte (f)	**spyskaart**	[spajs·kãrt]
Weinkarte (f)	**wyn**	[vajn]
einen Tisch reservieren	**wynkaart**	[vajn·kãrt]

Gericht (n)	**gereg**	[χerəχ]
bestellen (vt)	**bestel**	[bestəl]
eine Bestellung aufgeben	**bestel**	[bestəl]

Aperitif (m)	**drankie**	[dranki]
Vorspeise (f)	**voorgereg**	[foərχerəχ]
Nachtisch (m)	**nagereg**	[naχerəχ]

Rechnung (f)	**rekening**	[rekəniŋ]
Rechnung bezahlen	**die rekening betaal**	[di rekəniŋ betãl]
das Wechselgeld geben	**kleingeld gee**	[klæjn·χɛlt χeə]
Trinkgeld (n)	**fooitjie**	[fojki]

Familie, Verwandte und Freunde

45. Persönliche Informationen. Formulare

Vorname (m)	voornaam	[foərnãm]
Name (m)	van	[fan]
Geburtsdatum (n)	geboortedatum	[χeboərtə·datum]
Geburtsort (m)	geboorteplek	[χeboərtə·plek]
Nationalität (f)	nasionaliteit	[naʃionalitæjt]
Wohnort (m)	woonplek	[voən·plek]
Land (n)	land	[lant]
Beruf (m)	beroep	[berup]
Geschlecht (n)	geslag	[χeslaχ]
Größe (f)	lengte	[leŋtə]
Gewicht (n)	gewig	[χevəχ]

46. Familienmitglieder. Verwandte

Mutter (f)	moeder	[mudər]
Vater (m)	vader	[fadər]
Sohn (m)	seun	[søən]
Tochter (f)	dogter	[doχtər]
jüngste Tochter (f)	jonger dogter	[joŋer doχtər]
jüngste Sohn (m)	jonger seun	[joŋer søən]
ältere Tochter (f)	oudste dogter	[æudstə doχtər]
älterer Sohn (m)	oudste seun	[æudstə søən]
Bruder (m)	broer	[brur]
älterer Bruder (m)	ouer broer	[æuer brur]
jüngerer Bruder (m)	jonger broer	[joŋer brur]
Schwester (f)	suster	[sustər]
ältere Schwester (f)	ouer suster	[æuer sustər]
jüngere Schwester (f)	jonger suster	[joŋer sustər]
Cousin (m)	neef	[neəf]
Cousine (f)	neef	[neəf]
Mama (f)	ma	[ma]
Papa (m)	pa	[pa]
Eltern (pl)	ouers	[æuers]
Kind (n)	kind	[kint]
Kinder (pl)	kinders	[kindərs]
Großmutter (f)	ouma	[æuma]
Großvater (m)	oupa	[æupa]

Enkel (m)	kleinseun	[klæjn·søən]
Enkelin (f)	kleindogter	[klæjn·doχtər]
Enkelkinder (pl)	kleinkinders	[klæjn·kindərs]

Onkel (m)	oom	[oəm]
Tante (f)	tante	[tantə]
Neffe (m)	neef	[neəf]
Nichte (f)	nig	[niχ]

Schwiegermutter (f)	skoonma	[skoən·ma]
Schwiegervater (m)	skoonpa	[skoən·pa]
Schwiegersohn (m)	skoonseun	[skoən·søən]
Stiefmutter (f)	stiefma	[stifma]
Stiefvater (m)	stiefpa	[stifpa]

Säugling (m)	baba	[baba]
Kleinkind (n)	baba	[baba]
Kleine (m)	seuntjie	[søənki]

Frau (f)	vrou	[fræʋ]
Mann (m)	man	[man]
Ehemann (m)	eggenoot	[εχχenoət]
Gemahlin (f)	eggenote	[εχχenotə]

verheiratet (Ehemann)	getroud	[χetræʋt]
verheiratet (Ehefrau)	getroud	[χetræʋt]
ledig	ongetroud	[onχətræʋt]
Junggeselle (m)	vrygesel	[frajχesəl]
geschieden (Adj)	geskei	[χeskæj]
Witwe (f)	weduwee	[veduveə]
Witwer (m)	wedunaar	[vedunãr]

Verwandte (m)	famililid	[famililit]
naher Verwandter (m)	na familie	[na famili]
entfernter Verwandter (m)	ver familie	[fer famili]
Verwandte (pl)	familielede	[famililedə]

Waisenjunge (m)	weeskind	[veəskint]
Waisenmädchen (f)	weeskind	[veəskint]
Vormund (m)	voog	[foəχ]
adoptieren (einen Jungen)	aanneem	[ãnneəm]
adoptieren (ein Mädchen)	aanneem	[ãnneəm]

Medizin

47. Krankheiten

Krankheit (f)	siekte	[siktə]
krank sein	siek wees	[sik veəs]
Gesundheit (f)	gesondheid	[χesonthæjt]
Schnupfen (m)	loopneus	[loəpnøəs]
Angina (f)	keelontsteking	[keəl·ontstekiŋ]
Erkältung (f)	verkoue	[ferkæʊə]
Bronchitis (f)	bronchitis	[bronχitis]
Lungenentzündung (f)	longontsteking	[loŋ·ontstekiŋ]
Grippe (f)	griep	[χrip]
kurzsichtig	bysiende	[bajsində]
weitsichtig	versiende	[fersində]
Schielen (n)	skeelheid	[skeəlhæjt]
schielend (Adj)	skeel	[skeəl]
grauer Star (m)	katarak	[katarak]
Glaukom (n)	gloukoom	[χlæʊkoəm]
Schlaganfall (m)	beroerte	[berurtə]
Infarkt (m)	hartaanval	[hart·ānfal]
Herzinfarkt (m)	hartinfark	[hart·infark]
Lähmung (f)	verlamming	[ferlammiŋ]
lähmen (vt)	verlam	[ferlam]
Allergie (f)	allergie	[allerχi]
Asthma (n)	asma	[asma]
Diabetes (m)	suikersiekte	[sœikər·siktə]
Zahnschmerz (m)	tandpyn	[tand·pajn]
Karies (f)	tandbederf	[tand·bederf]
Durchfall (m)	diarree	[diarreə]
Verstopfung (f)	hardlywigheid	[hardlajviχæjt]
Magenverstimmung (f)	maagongesteldheid	[māχ·oŋəstɛldhæjt]
Vergiftung (f)	voedselvergiftiging	[fudsəl·ferχiftəχiŋ]
Vergiftung bekommen	voedselvergiftiging kry	[fudsəl·ferχiftəχiŋ kraj]
Arthritis (f)	artritis	[artritis]
Rachitis (f)	Engelse siekte	[ɛŋəlsə siktə]
Rheumatismus (m)	reumatiek	[røəmatik]
Atherosklerose (f)	artrosklerose	[artrosklerosə]
Gastritis (f)	maagontsteking	[māχ·ontstekiŋ]
Blinddarmentzündung (f)	blindedermontsteking	[blindəderm·ontstekiŋ]
Cholezystitis (f)	galblaasontsteking	[χalblās·ontstekiŋ]

Geschwür (n)	maagsweer	[mãχsweər]
Masern (pl)	masels	[masɛls]
Röteln (pl)	Duitse masels	[dœitsə masɛls]
Gelbsucht (f)	geelsug	[χeəlsuχ]
Hepatitis (f)	hepatitis	[hepatitis]

Schizophrenie (f)	skisofrenie	[skisofreni]
Tollwut (f)	hondsdolheid	[hondsdolhæjt]
Neurose (f)	neurose	[nøərosə]
Gehirnerschütterung (f)	harsingskudding	[harsiŋ·skuddiŋ]

Krebs (m)	kanker	[kankər]
Sklerose (f)	sklerose	[sklerosə]
multiple Sklerose (f)	veelvuldige sklerose	[feəlfuldiχə sklerosə]

Alkoholismus (m)	alkoholisme	[alkoholismə]
Alkoholiker (m)	alkoholikus	[alkoholikus]
Syphilis (f)	sifilis	[sifilis]
AIDS	VIGS	[vigs]

Tumor (m)	tumor	[tumor]
bösartig	kwaadaardig	[kwãdãrdəχ]
gutartig	goedaardig	[χudãrdəχ]

Fieber (n)	koors	[koərs]
Malaria (f)	malaria	[malaria]
Gangrän (f, n)	gangreen	[χanχreən]
Seekrankheit (f)	seesiekte	[seə·siktə]
Epilepsie (f)	epilepsie	[ɛpilepsi]

Epidemie (f)	epidemie	[ɛpidemi]
Typhus (m)	tifus	[tifus]
Tuberkulose (f)	tuberkulose	[tuberkulosə]
Cholera (f)	cholera	[χolera]
Pest (f)	pes	[pes]

48. Symptome. Behandlungen. Teil 1

Symptom (n)	simptoom	[simptoəm]
Temperatur (f)	temperatuur	[temperatɪr]
Fieber (n)	koors	[koərs]
Puls (m)	polsslag	[pols·slaχ]

Schwindel (m)	duiseligheid	[dœiseliχæjt]
heiß (Stirne usw.)	warm	[varm]
Schüttelfrost (m)	koue rillings	[kæʊə rilliŋs]
blass (z.B. -es Gesicht)	bleek	[bleək]

Husten (m)	hoes	[hus]
husten (vi)	hoes	[hus]
niesen (vi)	nies	[nis]
Ohnmacht (f)	floute	[flæʊtə]
ohnmächtig werden	flou word	[flæʊ vort]
blauer Fleck (m)	blou kol	[blæʊ kol]

Beule (f)	knop	[knop]
sich stoßen	stamp	[stamp]
Prellung (f)	besering	[beseriŋ]

hinken (vi)	hink	[hink]
Verrenkung (f)	ontwrigting	[ontwriχtiŋ]
ausrenken (vt)	ontwrig	[ontwrəχ]
Fraktur (f)	breuk	[brøək]
brechen (Arm usw.)	n breuk hê	[n brøək hɛ:]

Schnittwunde (f)	sny	[snaj]
sich schneiden	jouself sny	[jæusɛlf snaj]
Blutung (f)	bloeding	[bludiŋ]

| Verbrennung (f) | brandwond | [brant·vont] |
| sich verbrennen | jouself brand | [jæusɛlf brant] |

stechen (vt)	prik	[prik]
sich stechen	jouself prik	[jæusɛlf prik]
verletzen (vt)	seermaak	[seərmāk]
Verletzung (f)	besering	[beseriŋ]
Wunde (f)	wond	[vont]
Trauma (n)	trauma	[trɔuma]

irrereden (vi)	yl	[ajl]
stottern (vi)	stotter	[stottər]
Sonnenstich (m)	sonsteek	[sɔŋ·steək]

49. Symptome. Behandlungen. Teil 2

| Schmerz (m) | pyn | [pajn] |
| Splitter (m) | splinter | [splintər] |

Schweiß (m)	sweet	[sweət]
schwitzen (vi)	sweet	[sweət]
Erbrechen (n)	braak	[brāk]
Krämpfe (pl)	stuiptrekkings	[stœip·trɛkkiŋs]

schwanger	swanger	[swaŋər]
geboren sein	gebore word	[χeborə vort]
Geburt (f)	geboorte	[χeboərtə]
gebären (vt)	baar	[bār]
Abtreibung (f)	aborsie	[aborsi]

Atem (m)	asemhaling	[asemhaliŋ]
Atemzug (m)	inaseming	[inasemiŋ]
Ausatmung (f)	uitaseming	[œitasemiŋ]
ausatmen (vt)	uitasem	[œitasem]
einatmen (vt)	inasem	[inasem]

Invalide (m)	invalide	[infalidə]
Krüppel (m)	kreupel	[krøəpəl]
Drogenabhängiger (m)	dwelmslaaf	[dwɛlm·slāf]
taub	doof	[doəf]

| stumm | stom | [stom] |
| taubstumm | doofstom | [doef·stom] |

verrückt (Adj)	swaksinnig	[swaksinnəχ]
Irre (m)	kranksinnige	[kranksinniχə]
Irre (f)	kranksinnige	[kranksinniχə]
den Verstand verlieren	kranksinnig word	[kranksinnəχ vort]

Gen (n)	geen	[χeən]
Immunität (f)	immuniteit	[immunitæjt]
erblich	erflik	[ɛrflik]
angeboren	aangebore	[ānχəborə]

Virus (m, n)	virus	[firus]
Mikrobe (f)	mikrobe	[mikrobə]
Bakterie (f)	bakterie	[bakteri]
Infektion (f)	infeksie	[infeksi]

50. Symptome. Behandlungen. Teil 3

| Krankenhaus (n) | hospitaal | [hospitāl] |
| Patient (m) | pasiënt | [pasiɛnt] |

Diagnose (f)	diagnose	[diaχnosə]
Heilung (f)	genesing	[χenesiŋ]
Behandlung (f)	mediese behandeling	[medisə behandəliŋ]
Behandlung bekommen	behandeling kry	[behandəliŋ kraj]
behandeln (vt)	behandel	[behandəl]
pflegen (Kranke)	versorg	[fersorχ]
Pflege (f)	versorging	[fersorχiŋ]

Operation (f)	operasie	[operasi]
verbinden (vt)	verbind	[ferbint]
Verband (m)	verband	[ferbant]
Impfung (f)	inenting	[inɛntiŋ]
impfen (vt)	inent	[inɛnt]
Spritze (f)	inspuiting	[inspœitiŋ]

Anfall (m)	aanval	[ānfal]
Amputation (f)	amputasie	[amputasi]
amputieren (vt)	amputeer	[amputeər]
Koma (n)	koma	[koma]
Reanimation (f)	intensiewe sorg	[intɛnsivə sorχ]

genesen von ... (vi)	herstel	[herstəl]
Zustand (m)	kondisie	[kondisi]
Bewusstsein (n)	bewussyn	[bevussajn]
Gedächtnis (n)	geheue	[χəhøə]

ziehen (einen Zahn ~)	trek	[trek]
Plombe (f)	vulsel	[fulsəl]
plombieren (vt)	vul	[ful]
Hypnose (f)	hipnose	[hipnosə]
hypnotisieren (vt)	hipnotiseer	[hipnotiseər]

51. Ärzte

Arzt (m)	dokter	[dokter]
Krankenschwester (f)	verpleegster	[ferpleeχ·ster]
Privatarzt (m)	lyfarts	[lajf·arts]
Zahnarzt (m)	tandarts	[tand·arts]
Augenarzt (m)	oogarts	[oeχ·arts]
Internist (m)	internis	[internis]
Chirurg (m)	chirurg	[ʃirurχ]
Psychiater (m)	psigiater	[psiχiater]
Kinderarzt (m)	kinderdokter	[kinder·dokter]
Psychologe (m)	sielkundige	[silkundiχe]
Frauenarzt (m)	ginekoloog	[χinekoloeχ]
Kardiologe (m)	kardioloog	[kardioloeχ]

52. Medizin. Medikamente. Accessoires

Arznei (f)	medisyn	[medisajn]
Heilmittel (n)	geneesmiddel	[χenees·middel]
verschreiben (vt)	voorskryf	[foerskrajf]
Rezept (n)	voorskrif	[foerskrif]
Tablette (f)	pil	[pil]
Salbe (f)	salf	[salf]
Ampulle (f)	ampul	[ampul]
Mixtur (f)	mengsel	[meŋsel]
Sirup (m)	stroop	[stroep]
Pille (f)	pil	[pil]
Pulver (n)	poeier	[pujer]
Verband (m)	verband	[ferbant]
Watte (f)	watte	[vatte]
Jod (n)	iodium	[iodium]
Pflaster (n)	pleister	[plæjster]
Pipette (f)	oogdrupper	[oeχ·drupper]
Thermometer (n)	termometer	[termometer]
Spritze (f)	spuitnaald	[spœit·nält]
Rollstuhl (m)	rolstoel	[rol·stul]
Krücken (pl)	krukke	[krukke]
Betäubungsmittel (n)	pynstiller	[pajn·stiller]
Abführmittel (n)	lakseermiddel	[lakseer·middel]
Spiritus (m)	spiritus	[spiritus]
Heilkraut (n)	geneeskragtige kruie	[χenees·kraχtiχe krœie]
Kräuter- (z.B. Kräutertee)	kruie-	[krœie-]

LEBENSRAUM DES MENSCHEN

Stadt

53. Stadt. Leben in der Stadt

Stadt (f)	stad	[stat]
Hauptstadt (f)	hoofstad	[hoəf·stat]
Dorf (n)	dorp	[dorp]
Stadtplan (m)	stadskaart	[stats·kãrt]
Stadtzentrum (n)	sentrum	[sentrum]
Vorort (m)	voorstad	[foərstat]
Vorort-	voorstedelik	[foərstedelik]
Stadtrand (m)	buitewyke	[bœitəvajkə]
Umgebung (f)	omgewing	[omχeviŋ]
Stadtviertel (n)	stadswyk	[stats·wajk]
Wohnblock (m)	woonbuurt	[voənbɪrt]
Straßenverkehr (m)	verkeer	[ferkeər]
Ampel (f)	robot	[robot]
Stadtverkehr (m)	openbare vervoer	[openbarə ferfur]
Straßenkreuzung (f)	kruispunt	[krœis·punt]
Übergang (m)	sebraoorgang	[sebra·oərχaŋ]
Fußgängerunterführung (f)	voetgangertonnel	[futχaŋər·tonnəl]
überqueren (vt)	oorsteek	[oərsteək]
Fußgänger (m)	voetganger	[futχaŋər]
Gehweg (m)	sypaadjie	[saj·pãdʒi]
Brücke (f)	brug	[bruχ]
Kai (m)	wal	[val]
Springbrunnen (m)	fontein	[fontæjn]
Allee (f)	laning	[laniŋ]
Park (m)	park	[park]
Boulevard (m)	boulevard	[bulefar]
Platz (m)	plein	[plæjn]
Avenue (f)	laan	[lãn]
Straße (f)	straat	[strãt]
Gasse (f)	systraat	[saj·strãt]
Sackgasse (f)	doodloopstraat	[doədloəp·strãt]
Haus (n)	huis	[hœis]
Gebäude (n)	gebou	[χebæʊ]
Wolkenkratzer (m)	wolkekrabber	[volkə·krabbər]
Fassade (f)	gewel	[χevəl]
Dach (n)	dak	[dak]

Fenster (n)	venster	[fɛŋstər]
Bogen (m)	arkade	[arkadə]
Säule (f)	kolom	[kolom]
Ecke (f)	hoek	[huk]

Schaufenster (n)	uitstalraam	[œitstalrām]
Firmenschild (n)	reklamebord	[reklamə·bort]
Anschlag (m)	plakkaat	[plakkāt]
Werbeposter (m)	reklameplakkaat	[reklamə·plakkāt]
Werbeschild (n)	aanplakbord	[ānplakbort]

Müll (m)	vullis	[fullis]
Mülleimer (m)	vullisbak	[fullis·bak]
Abfall wegwerfen	rommel strooi	[rommǝl stroj]
Mülldeponie (f)	vullishoop	[fullis·hoǝp]

Telefonzelle (f)	telefoonhokkie	[telefoǝn·hokki]
Straßenlaterne (f)	lamppaal	[lamp·pāl]
Bank (Park-)	bank	[bank]

Polizist (m)	polisieman	[polisi·man]
Polizei (f)	polisie	[polisi]
Bettler (m)	bedelaar	[bedelār]
Obdachlose (m)	daklose	[daklosǝ]

54. Innerstädtische Einrichtungen

Laden (m)	winkel	[vinkǝl]
Apotheke (f)	apteek	[apteek]
Optik (f)	optisiën	[optisiɛn]
Einkaufszentrum (n)	winkelsentrum	[vinkǝl·sentrum]
Supermarkt (m)	supermark	[supermark]

Bäckerei (f)	bakkery	[bakkeraj]
Bäcker (m)	bakker	[bakkǝr]
Konditorei (f)	banketbakkery	[banket·bakkeraj]
Lebensmittelladen (m)	kruidenierswinkel	[krœidenirs·vinkǝl]
Metzgerei (f)	slagter	[slaχtǝr]

| Gemüseladen (m) | groentewinkel | [χruntǝ·vinkǝl] |
| Markt (m) | mark | [mark] |

Kaffeehaus (n)	koffiekroeg	[koffi·kruχ]
Restaurant (n)	restaurant	[restɔurant]
Bierstube (f)	kroeg	[kruχ]
Pizzeria (f)	pizzeria	[pizzeria]

Friseursalon (m)	haarsalon	[hār·salon]
Post (f)	poskantoor	[pos·kantoǝr]
chemische Reinigung (f)	droogskoonmakers	[droǝχ·skoǝn·makers]
Fotostudio (n)	fotostudio	[foto·studio]

| Schuhgeschäft (n) | skoenwinkel | [skun·vinkǝl] |
| Buchhandlung (f) | boekhandel | [buk·handǝl] |

Sportgeschäft (n)	sportwinkel	[sport·vinkəl]
Kleiderreparatur (f)	klereherstelwinkel	[klerə·herstəl·vinkəl]
Bekleidungsverleih (m)	klereverhuurwinkel	[klerə·ferhɪr·vinkəl]
Videothek (f)	videowinkel	[video·vinkəl]

Zirkus (m)	sirkus	[sirkus]
Zoo (m)	dieretuin	[dirə·tœin]
Kino (n)	bioskoop	[bioskoəp]
Museum (n)	museum	[musøəm]
Bibliothek (f)	biblioteek	[biblioteək]

Theater (n)	teater	[teatər]
Opernhaus (n)	opera	[opera]
Nachtklub (m)	nagklub	[naχ·klup]
Kasino (n)	kasino	[kasino]

Moschee (f)	moskee	[moskeə]
Synagoge (f)	sinagoge	[sinaχoχə]
Kathedrale (f)	katedraal	[katedrãl]
Tempel (m)	tempel	[tempəl]
Kirche (f)	kerk	[kerk]

Institut (n)	kollege	[kolledʒ]
Universität (f)	universiteit	[unifersitæjt]
Schule (f)	skool	[skoəl]

Präfektur (f)	stadhuis	[stat·hœis]
Rathaus (n)	stadhuis	[stat·hœis]
Hotel (n)	hotel	[hotəl]
Bank (f)	bank	[bank]

Botschaft (f)	ambassade	[ambassadə]
Reisebüro (n)	reisagentskap	[ræjs·aχentskap]
Informationsbüro (n)	inligtingskantoor	[inliχtiŋs·kantoər]
Wechselstube (f)	wisselkantoor	[vissəl·kantoər]

| U-Bahn (f) | metro | [metro] |
| Krankenhaus (n) | hospitaal | [hospitãl] |

| Tankstelle (f) | petrolstasie | [petrol·stasi] |
| Parkplatz (m) | parkeerterrein | [parkeər·terræjn] |

55. Schilder

Firmenschild (n)	reklamebord	[reklamə·bort]
Aufschrift (f)	kennisgewing	[kɛnnis·χeviŋ]
Plakat (n)	plakkaat	[plakkãt]
Wegweiser (m)	rigtingwyser	[riχtiŋ·wajsər]
Pfeil (m)	pyl	[pajl]

Vorsicht (f)	waarskuwing	[vãrskuviŋ]
Warnung (f)	waarskuwingsbord	[vãrskuviŋs·bort]
warnen (vt)	waarsku	[vãrsku]
freier Tag (m)	rusdag	[rusdaχ]

| Fahrplan (m) | diensrooster | [diŋs·roəstər] |
| Öffnungszeiten (pl) | besigheidsure | [besiχæjts·urə] |

HERZLICH WILLKOMMEN!	WELKOM!	[vɛlkom!]
EINGANG	INGANG	[inχaŋ]
AUSGANG	UITGANG	[œitχaŋ]

DRÜCKEN	STOOT	[stoət]
ZIEHEN	TREK	[trek]
GEÖFFNET	OOP	[oəp]
GESCHLOSSEN	GESLUIT	[χeslœit]

| DAMEN, FRAUEN | DAMES | [dames] |
| HERREN, MÄNNER | MANS | [maŋs] |

AUSVERKAUF	AFSLAG	[afslaχ]
REDUZIERT	UITVERKOPING	[œitferkopiŋ]
NEU!	NUUT!	[nɪt!]
GRATIS	GRATIS	[χratis]

ACHTUNG!	PAS OP!	[pas op!]
ZIMMER BELEGT	VOLBESPREEK	[folbespreək]
RESERVIERT	BESPREEK	[bespreək]

| VERWALTUNG | ADMINISTRASIE | [administrasi] |
| NUR FÜR PERSONAL | SLEGS PERSONEEL | [sleχs personeəl] |

VORSICHT BISSIGER HUND	PAS OP VIR DIE HOND!	[pas op fir di hont!]
RAUCHEN VERBOTEN!	ROOK VERBODE	[roek ferbodə]
BITTE NICHT BERÜHREN	NIE AANRAAK NIE!	[ni ānrāk ni!]

GEFÄHRLICH	GEVAARLIK	[χefārlik]
VORSICHT!	GEVAAR	[χefār]
HOCHSPANNUNG	HOOGSPANNING	[hoeχ·spanniŋ]
BADEN VERBOTEN	NIE SWEM NIE	[ni swem ni]
AUßER BETRIEB	BUITE WERKING	[bœitə verkiŋ]

LEICHTENTZÜNDLICH	ONTVLAMBAAR	[ontflambār]
VERBOTEN	VERBODE	[ferbodə]
DURCHGANG VERBOTEN	TOEGANG VERBODE!	[tuχaŋ ferbode!]
FRISCH GESTRICHEN	NAT VERF	[nat ferf]

56. Innerstädtischer Transport

Bus (m)	bus	[bus]
Straßenbahn (f)	trem	[trem]
Obus (m)	trembus	[trembus]
Linie (f)	busroete	[bus·rutə]
Nummer (f)	nommer	[nommər]

mit ... fahren	ry per ...	[raj pər ...]
einsteigen (vi)	inklim	[inklim]
aussteigen (aus dem Bus)	uitklim ...	[œitklim ...]

Haltestelle (f)	halte	[haltə]
nächste Haltestelle (f)	volgende halte	[folχendə haltə]
Endhaltestelle (f)	eindpunt	[æjnd·punt]
Fahrplan (m)	diensrooster	[diŋs·roəstər]
warten (vi, vt)	wag	[vaχ]

| Fahrkarte (f) | kaartjie | [kãrki] |
| Fahrpreis (m) | reistarief | [ræjs·tarif] |

Kassierer (m)	kaartjieverkoper	[kãrki·ferkopər]
Fahrkartenkontrolle (f)	kaartjiekontrole	[kãrki·kontrolə]
Fahrkartenkontrolleur (m)	kontroleur	[kontroløər]

sich verspäten	laat wees	[lãt veəs]
versäumen (Zug usw.)	mis	[mis]
sich beeilen	haastig wees	[hãstəχ veəs]

Taxi (n)	taxi	[taksi]
Taxifahrer (m)	taxibestuurder	[taksi·bestırdər]
mit dem Taxi	per taxi	[pər taksi]
Taxistand (m)	taxistaanplek	[taksi·stãnplek]

Straßenverkehr (m)	verkeer	[ferkeər]
Stau (m)	verkeersknoop	[ferkeərs·knoəp]
Hauptverkehrszeit (f)	spitsuur	[spits·ır]
parken (vi)	parkeer	[parkeər]
parken (vt)	parkeer	[parkeər]
Parkplatz (m)	parkeerterrein	[parkeər·terræjn]

U-Bahn (f)	metro	[metro]
Station (f)	stasie	[stasi]
mit der U-Bahn fahren	die metro vat	[di metro fat]
Zug (m)	trein	[træjn]
Bahnhof (m)	treinstasie	[træjn·stasi]

57. Sehenswürdigkeiten

Denkmal (n)	monument	[monument]
Festung (f)	fort	[fort]
Palast (m)	paleis	[palæjs]
Schloss (n)	kasteel	[kasteəl]
Turm (m)	toring	[toriŋ]
Mausoleum (n)	mausoleum	[mɔusoløəm]

Architektur (f)	argitektuur	[arχitektır]
mittelalterlich	Middeleeus	[middeliʊs]
alt (antik)	oud	[æʊt]
national	nasionaal	[naʃonãl]
berühmt	bekend	[bekent]

Tourist (m)	toeris	[turis]
Fremdenführer (m)	gids	[χids]
Ausflug (m)	uitstappie	[œitstappi]
zeigen (vt)	wys	[vajs]

erzählen (vt)	**vertel**	[fertəl]
finden (vt)	**vind**	[fint]
sich verlieren	**verdwaal**	[ferdwāl]
Karte (U-Bahn ~)	**kaart**	[kārt]
Karte (Stadt-)	**kaart**	[kārt]

Souvenir (n)	**aandenking**	[āndenkiŋ]
Souvenirladen (m)	**geskenkwinkel**	[χeskɛnk·vinkəl]
fotografieren (vt)	**fotografeer**	[fotoχrafeər]
sich fotografieren	**jou portret laat maak**	[jæʊ portret lāt māk]

58. Shopping

kaufen (vt)	**koop**	[koəp]
Einkauf (m)	**aankoop**	[ānkoəp]
einkaufen gehen	**inkopies doen**	[inkopis dun]
Einkaufen (n)	**inkoop**	[inkoəp]

offen sein (Laden)	**oop wees**	[oəp veəs]
zu sein	**toe wees**	[tu veəs]

Schuhe (pl)	**skoeisel**	[skuisəl]
Kleidung (f)	**klere**	[klerə]
Kosmetik (f)	**kosmetika**	[kosmetika]
Lebensmittel (pl)	**voedingsware**	[fudiŋs·warə]
Geschenk (n)	**present**	[present]

Verkäufer (m)	**verkoper**	[ferkopər]
Verkäuferin (f)	**verkoopsdame**	[ferkoəps·damə]

Kasse (f)	**kassier**	[kassir]
Spiegel (m)	**spieël**	[spiɛl]
Ladentisch (m)	**toonbank**	[toən·bank]
Umkleidekabine (f)	**paskamer**	[pas·kamər]

anprobieren (vt)	**aanpas**	[ānpas]
passen (Schuhe, Kleid)	**pas**	[pas]
gefallen (vi)	**hou van**	[hæʊ fan]

Preis (m)	**prys**	[prajs]
Preisschild (n)	**pryskaartjie**	[prajs·kārki]
kosten (vt)	**kos**	[kos]
Wie viel?	**Hoeveel?**	[hufeəl?]
Rabatt (m)	**afslag**	[afslaχ]

preiswert	**billik**	[billik]
billig	**goedkoop**	[χudkoəp]
teuer	**duur**	[dɪr]
Das ist teuer	**dis duur**	[dis dɪr]

Verleih (m)	**verhuur**	[ferhɪr]
leihen, mieten (ein Auto usw.)	**verhuur**	[ferhɪr]
Kredit (m), Darlehen (n)	**krediet**	[kredit]
auf Kredit	**op krediet**	[op kredit]

59. Geld

Geld (n)	**geld**	[χɛlt]
Austausch (m)	**valutaruil**	[faluta·rœil]
Kurs (m)	**wisselkoers**	[vissəl·kurs]
Geldautomat (m)	**OTM**	[o·te·em]
Münze (f)	**muntstuk**	[muntstuk]

Dollar (m)	**dollar**	[dollar]
Euro (m)	**euro**	[øəro]

Lira (f)	**lira**	[lira]
Mark (f)	**Duitse mark**	[dœitsə mark]
Franken (m)	**frank**	[frank]
Pfund Sterling (n)	**pond sterling**	[pont sterliŋ]
Yen (m)	**yen**	[jɛn]

Schulden (pl)	**skuld**	[skult]
Schuldner (m)	**skuldenaar**	[skuldenār]
leihen (vt)	**uitleen**	[œitleən]
leihen, borgen (Geld usw.)	**leen**	[leən]

Bank (f)	**bank**	[bank]
Konto (n)	**rekening**	[rekəniŋ]
einzahlen (vt)	**deponeer**	[deponeər]
abheben (vt)	**trek**	[trek]

Kreditkarte (f)	**kredietkaart**	[kredit·kārt]
Bargeld (n)	**kontant**	[kontant]
Scheck (m)	**tjek**	[ʧek]
Scheckbuch (n)	**tjekboek**	[ʧek·buk]

Geldtasche (f)	**beursie**	[bøərsi]
Geldbeutel (m)	**muntstukbeursie**	[muntstuk·bøərsi]
Safe (m)	**brandkas**	[brant·kas]

Erbe (m)	**erfgenaam**	[ɛrfχənām]
Erbschaft (f)	**erfenis**	[ɛrfenis]
Vermögen (n)	**fortuin**	[fortœin]

Pacht (f)	**huur**	[hɪr]
Miete (f)	**huur**	[hɪr]
mieten (vt)	**huur**	[hɪr]

Preis (m)	**prys**	[prajs]
Kosten (pl)	**prys**	[prajs]
Summe (f)	**som**	[som]

ausgeben (vt)	**spandeer**	[spandeər]
Ausgaben (pl)	**onkoste**	[onkostə]
sparen (vt)	**besuinig**	[besœinəχ]
sparsam	**ekonomies**	[ɛkonomis]

zahlen (vt)	**betaal**	[betāl]
Lohn (m)	**betaling**	[betaliŋ]

Wechselgeld (n)	wisselgeld	[vissəl·χɛlt]
Steuer (f)	belasting	[bəlastiŋ]
Geldstrafe (f)	boete	[butə]
bestrafen (vt)	beboet	[bebut]

60. Post. Postdienst

Post (Postamt)	poskantoor	[pos·kantoer]
Post (Postsendungen)	pos	[pos]
Briefträger (m)	posbode	[pos·bodə]
Öffnungszeiten (pl)	besigheidsure	[besiχæjts·urə]

Brief (m)	brief	[brif]
Einschreibebrief (m)	geregistreerde brief	[χereχistreərdə brif]
Postkarte (f)	poskaart	[pos·kãrt]
Telegramm (n)	telegram	[teleχram]
Postpaket (n)	pakkie	[pakki]
Geldanweisung (f)	geldoorplasing	[χɛld·oerplasiŋ]

bekommen (vt)	ontvang	[ontfaŋ]
abschicken (vt)	stuur	[stɨr]
Absendung (f)	versending	[fersendiŋ]

Postanschrift (f)	adres	[adres]
Postleitzahl (f)	poskode	[pos·kodə]
Absender (m)	sender	[sendər]
Empfänger (m)	ontvanger	[ontfaŋər]

| Vorname (m) | voornaam | [foərnãm] |
| Nachname (m) | van | [fan] |

Tarif (m)	postarief	[pos·tarif]
Standard- (Tarif)	standaard	[standãrt]
Spar- (-tarif)	ekonomies	[ɛkonomis]

Gewicht (n)	gewig	[χeveχ]
abwiegen (vt)	weeg	[veeχ]
Briefumschlag (m)	koevert	[kufert]
Briefmarke (f)	posseël	[pos·seɛl]

Wohnung. Haus. Zuhause

61. Haus. Elektrizität

Elektrizität (f)	krag, elektrisiteit	[kraχ], [elektrisitæjt]
Glühbirne (f)	gloeilamp	[χlui·lamp]
Schalter (m)	skakelaar	[skakəlãr]
Sicherung (f)	sekering	[sekəriŋ]
Draht (m)	kabel	[kabəl]
Leitung (f)	bedrading	[bedradiŋ]
Stromzähler (m)	kragmeter	[kraχ·metər]
Zählerstand (m)	lesings	[lesiŋs]

62. Villa. Schloss

Landhaus (n)	buitewoning	[bœitə·voniŋ]
Villa (f)	landhuis	[land·hœis]
Flügel (m)	vleuel	[fløəəl]
Garten (m)	tuin	[tœin]
Park (m)	park	[park]
Orangerie (f)	tropiese kweekhuis	[tropisə kweek·hœis]
pflegen (Garten usw.)	versorg	[fersorχ]
Schwimmbad (n)	swembad	[swem·bat]
Kraftraum (m)	gim	[χim]
Tennisplatz (m)	tennisbaan	[tɛnnis·bãn]
Heimkinoraum (m)	huisteater	[hœis·teatər]
Garage (f)	garage	[χaraʒə]
Privateigentum (n)	privaat besit	[prifãt besit]
Privatgrundstück (n)	privaateiendom	[prifãt·æjendom]
Warnung (f)	waarskuwing	[vãrskuviŋ]
Warnschild (n)	waarskuwingsbord	[vãrskuviŋs·bort]
Bewachung (f)	sekuriteit	[sekuritæjt]
Wächter (m)	veiligheidswag	[fæjliχæjts·waχ]
Alarmanlage (f)	diefalarm	[dif·alarm]

63. Wohnung

Wohnung (f)	woonstel	[voənstəl]
Zimmer (n)	kamer	[kamər]
Schlafzimmer (n)	slaapkamer	[slãp·kamər]

Esszimmer (n)	eetkamer	[eət·kamər]
Wohnzimmer (n)	sitkamer	[sit·kamər]
Arbeitszimmer (n)	studeerkamer	[studeər·kamər]

Vorzimmer (n)	ingangsportaal	[inχaŋs·portãl]
Badezimmer (n)	badkamer	[bad·kamər]
Toilette (f)	toilet	[tojlet]

Decke (f)	plafon	[plafon]
Fußboden (m)	vloer	[flur]
Ecke (f)	hoek	[huk]

64. Möbel. Innenausstattung

Möbel (n)	meubels	[møəbɛls]
Tisch (m)	tafel	[tafel]
Stuhl (m)	stoel	[stul]
Bett (n)	bed	[bet]

| Sofa (n) | rusbank | [rusbank] |
| Sessel (m) | gemakstoel | [χemak·stul] |

| Bücherschrank (m) | boekkas | [buk·kas] |
| Regal (n) | rak | [rak] |

Schrank (m)	klerekas	[klerə·kas]
Hakenleiste (f)	kapstok	[kapstok]
Kleiderständer (m)	kapstok	[kapstok]

| Kommode (f) | laaikas | [lãjkas] |
| Couchtisch (m) | koffietafel | [koffi·tafəl] |

Spiegel (m)	spieël	[spiɛl]
Teppich (m)	mat	[mat]
Matte (kleiner Teppich)	matjie	[maki]

Kamin (m)	vuurherd	[fɪr·hert]
Kerze (f)	kers	[kers]
Kerzenleuchter (m)	kandelaar	[kandelãr]

Vorhänge (pl)	gordyne	[χordajnə]
Tapete (f)	muurpapier	[mɪr·papir]
Jalousie (f)	blindings	[blindiŋs]

| Tischlampe (f) | tafellamp | [tafel·lamp] |
| Leuchte (f) | muurlamp | [mɪr·lamp] |

| Stehlampe (f) | staanlamp | [stãn·lamp] |
| Kronleuchter (m) | kroonlugter | [kroən·luχtər] |

Bein (Tischbein usw.)	poot	[poət]
Armlehne (f)	armleuning	[arm·løəniŋ]
Lehne (f)	rugleuning	[ruχ·løəniŋ]
Schublade (f)	laai	[lãi]

65. Bettwäsche

Bettwäsche (f)	beddegoed	[beddə·χut]
Kissen (n)	kussing	[kussiŋ]
Kissenbezug (m)	kussingsloop	[kussiŋ·sloəp]
Bettdecke (f)	duvet	[dufet]
Laken (n)	laken	[laken]
Tagesdecke (f)	bedsprei	[bed·spræj]

66. Küche

Küche (f)	kombuis	[kombœis]
Gas (n)	gas	[χas]
Gasherd (m)	gasstoof	[χas·stoəf]
Elektroherd (m)	elektriese stoof	[elektrisə stoəf]
Backofen (m)	oond	[oent]
Mikrowellenherd (m)	mikrogolfoond	[mikroχolf·oent]
Kühlschrank (m)	yskas	[ajs·kas]
Tiefkühltruhe (f)	vrieskas	[friskas]
Geschirrspülmaschine (f)	skottelgoedwasser	[skottɛlχud·wassər]
Fleischwolf (m)	vleismeul	[flæjs·møəl]
Saftpresse (f)	versapper	[fersappər]
Toaster (m)	broodrooster	[broəd·roəstər]
Mixer (m)	menger	[meŋər]
Kaffeemaschine (f)	koffiemasjien	[koffi·maʃin]
Kaffeekanne (f)	koffiepot	[koffi·pot]
Kaffeemühle (f)	koffiemeul	[koffi·møəl]
Wasserkessel (m)	fluitketel	[flœit·ketəl]
Teekanne (f)	teepot	[teə·pot]
Deckel (m)	deksel	[deksəl]
Teesieb (n)	teesiffie	[teə·siffi]
Löffel (m)	lepel	[lepəl]
Teelöffel (m)	teelepeltjie	[teə·lepəlki]
Esslöffel (m)	soplepel	[sop·lepəl]
Gabel (f)	vurk	[furk]
Messer (n)	mes	[mes]
Geschirr (n)	tafelgerei	[tafel·χeræj]
Teller (m)	bord	[bort]
Untertasse (f)	piering	[piriŋ]
Schnapsglas (n)	likeurglas	[likøər·χlas]
Glas (n)	glas	[χlas]
Tasse (f)	koppie	[koppi]
Zuckerdose (f)	suikerpot	[sœikər·pot]
Salzstreuer (m)	soutvaatjie	[sæʊt·fāki]
Pfefferstreuer (m)	pepervaatjie	[pepər·fāki]

Butterdose (f)	botterbakkie	[bottər·bakki]
Kochtopf (m)	soppot	[sop·pot]
Pfanne (f)	braaipan	[brãj·pan]
Schöpflöffel (m)	opskeplepel	[opskep·lepəl]
Durchschlag (m)	vergiet	[ferχit]
Tablett (n)	skinkbord	[skink·bort]

Flasche (f)	bottel	[bottəl]
Glas (Einmachglas)	fles	[fles]
Dose (f)	blikkie	[blikki]

Flaschenöffner (m)	botteloopmaker	[bottəl·oəpmakər]
Dosenöffner (m)	blikoopmaker	[blik·oəpmakər]
Korkenzieher (m)	kurktrekker	[kurk·trɛkkər]
Filter (n)	filter	[filtər]
filtern (vt)	filter	[filtər]

| Müll (m) | vullis | [fullis] |
| Mülleimer, Treteimer (m) | vullisbak | [fullis·bak] |

67. Bad

Badezimmer (n)	badkamer	[bad·kamər]
Wasser (n)	water	[vatər]
Wasserhahn (m)	kraan	[krãn]
Warmwasser (n)	warme water	[varmə vatər]
Kaltwasser (n)	koue water	[kæʊə vatər]

Zahnpasta (f)	tandepasta	[tandə·pasta]
Zähne putzen	tande borsel	[tandə borsəl]
Zahnbürste (f)	tandeborsel	[tandə·borsəl]

sich rasieren	skeer	[skeər]
Rasierschaum (m)	skeerroom	[skeər·roəm]
Rasierer (m)	skeermes	[skeər·mes]

waschen (vt)	was	[vas]
sich waschen	bad	[bat]
Dusche (f)	stort	[stort]
sich duschen	stort	[stort]

Badewanne (f)	bad	[bat]
Klosettbecken (n)	toilet	[tojlet]
Waschbecken (n)	wasbak	[vas·bak]

| Seife (f) | seep | [seəp] |
| Seifenschale (f) | seepbakkie | [seəp·bakki] |

Schwamm (m)	spons	[spoŋs]
Shampoo (n)	sjampoe	[ʃampu]
Handtuch (n)	handdoek	[handduk]
Bademantel (m)	badjas	[batjas]
Wäsche (f)	was	[vas]
Waschmaschine (f)	wasmasjien	[vas·maʃin]

| waschen (vt) | die wasgoed was | [di vasχut vas] |
| Waschpulver (n) | waspoeier | [vas·pujer] |

68. Haushaltsgeräte

Fernseher (m)	TV-stel	[te·fe-stəl]
Tonbandgerät (n)	bandspeler	[band·spelər]
Videorekorder (m)	videomasjien	[video·maʃin]
Empfänger (m)	radio	[radio]
Player (m)	speler	[spelər]

Videoprojektor (m)	videoprojektor	[video·projektor]
Heimkino (n)	tuisfliekteater	[tœis·flik·teatər]
DVD-Player (m)	DVD-speler	[de·fe·de-spelər]
Verstärker (m)	versterker	[fersterkər]
Spielkonsole (f)	videokonsole	[video·kɔŋsolə]

Videokamera (f)	videokamera	[video·kamera]
Kamera (f)	kamera	[kamera]
Digitalkamera (f)	digitale kamera	[diχitalə kamera]

Staubsauger (m)	stofsuier	[stof·sœiər]
Bügeleisen (n)	strykyster	[strajk·ajstər]
Bügelbrett (n)	strykplank	[strajk·plank]

Telefon (n)	telefoon	[telefoən]
Mobiltelefon (n)	selfoon	[sɛlfoən]
Schreibmaschine (f)	tikmasjien	[tik·maʃin]
Nähmaschine (f)	naaimasjien	[naj·maʃin]

Mikrophon (n)	mikrofoon	[mikrofoən]
Kopfhörer (m)	koptelefoon	[kop·telefoən]
Fernbedienung (f)	afstandsbeheer	[afstands·beheər]

CD (f)	CD	[se·de]
Kassette (f)	kasset	[kasset]
Schallplatte (f)	plaat	[plãt]

AKTIVITÄTEN DES MENSCHEN

Beruf. Geschäft. Teil 1

69. Büro. Arbeiten im Büro

Büro (Firmensitz)	kantoor	[kantoer]
Büro (~ des Direktors)	kantoor	[kantoer]
Rezeption (f)	ontvangs	[ontfaŋs]
Sekretär (m)	sekretaris	[sekretaris]
Sekretärin (f)	sekretaresse	[sekretarɛssə]

Direktor (m)	direkteur	[direktøer]
Manager (m)	bestuurder	[bestɪrdər]
Buchhalter (m)	boekhouer	[bukhæʊər]
Mitarbeiter (m)	werknemer	[verknemər]

Möbel (n)	meubels	[møəbɛls]
Tisch (m)	lessenaar	[lɛssenãr]
Schreibtischstuhl (m)	draaistoel	[drãj·stul]
Rollcontainer (m)	laaikas	[lãjkas]
Kleiderständer (m)	kapstok	[kapstok]

Computer (m)	rekenaar	[rekənãr]
Drucker (m)	drukker	[drukkər]
Fax (n)	faksmasjien	[faks·maʃin]
Kopierer (m)	fotostaatmasjien	[fotostãt·maʃin]

Papier (n)	papier	[papir]
Büromaterial (n)	kantoorbenodigdhede	[kantoer·benodiχdhedə]
Mousepad (n)	muismatjie	[mœis·maki]
Blatt (n) Papier	blaai	[blãi]
Ordner (m)	binder	[bindər]

Katalog (m)	katalogus	[kataloχus]
Adressbuch (n)	telefoongids	[telefoen·χids]
Dokumentation (f)	dokumentasie	[dokumentasi]
Broschüre (f)	brosjure	[broʃurə]
Flugblatt (n)	strooibiljet	[stroj·biljet]
Muster (n)	monsterkaart	[mɔŋstər·kãrt]

Training (n)	opleidingsvergadering	[oplæjdiŋs·ferχaderiŋ]
Meeting (n)	vergadering	[ferχaderiŋ]
Mittagspause (f)	middagpouse	[middaχ·pæʊsə]

vervielfältigen (vt)	aantal kopieë maak	[ãntal kopiɛ mãk]
anrufen (vt)	bel	[bɛl]
antworten (vi)	antwoord	[antwoərt]
verbinden (vt)	deursit	[døərsit]

ausmachen (vt)	reël	[reɛl]
demonstrieren (vt)	demonstreer	[demɔŋstreər]
fehlen (am Arbeitsplatz ~)	afwesig wees	[afwesəχ veəs]
Abwesenheit (f)	afwesigheid	[afwesiχæjt]

70. Geschäftsabläufe. Teil 1

| Geschäft (n) (z.B. ~ in Wolle) | besigheid | [besiχæjt] |
| Angelegenheit (f) | beroep | [berup] |

Firma (f)	firma	[firma]
Gesellschaft (f)	maatskappy	[mãtskappaj]
Konzern (m)	korporasie	[korporasi]
Unternehmen (n)	onderneming	[ondərnemiŋ]
Agentur (f)	agentskap	[aχentskap]

Vereinbarung (f)	ooreenkoms	[oəreənkoms]
Vertrag (m)	kontrak	[kontrak]
Geschäft (Transaktion)	transaksie	[traŋsaksi]
Auftrag (Bestellung)	bestelling	[bestɛlliŋ]
Bedingung (f)	voorwaarde	[foərwãrdə]

en gros (im Großen)	groothandels-	[χroət·handəls-]
Großhandels-	groothandels-	[χroət·handəls-]
Großhandel (m)	groothandel	[χroət·handəl]
Einzelhandels-	kleinhandels-	[klæjn·handəls-]
Einzelhandel (m)	kleinhandel	[klæjn·handəl]

Konkurrent (m)	konkurrent	[konkurrent]
Konkurrenz (f)	konkurrensie	[konkurreŋsi]
konkurrieren (vi)	kompeteer	[kompeteər]

| Partner (m) | vennoot | [fɛnnoət] |
| Partnerschaft (f) | vennootskap | [fɛnnoətskap] |

Krise (f)	krisis	[krisis]
Bankrott (m)	bankrotskap	[bankrotskap]
Bankrott machen	bankrot speel	[bankrot speəl]
Schwierigkeit (f)	moeilikheid	[muilikhæjt]
Problem (n)	probleem	[probleəm]
Katastrophe (f)	katastrofe	[katastrofə]

Wirtschaft (f)	ekonomie	[ɛkonomi]
wirtschaftlich	ekonomiese	[ɛkonomisə]
Rezession (f)	ekonomiese agteruitgang	[ɛkonomisə aχtər·œitχaŋ]

| Ziel (n) | doel | [dul] |
| Aufgabe (f) | opdrag | [opdraχ] |

handeln (Handel treiben)	handel	[handəl]
Netz (Verkaufs-)	netwerk	[netwerk]
Lager (n)	voorraad	[foərrãt]
Sortiment (n)	reeks	[reəks]
führende Unternehmen (n)	leier	[læjer]

| groß (-e Firma) | groot | [χroət] |
| Monopol (n) | monopolie | [monopoli] |

Theorie (f)	teorie	[teori]
Praxis (f)	praktyk	[praktajk]
Erfahrung (f)	ervaring	[ɛrfariŋ]
Tendenz (f)	tendens	[tendɛŋs]
Entwicklung (f)	ontwikkeling	[ontwikkeliŋ]

71. Geschäftsabläufe. Teil 2

| Vorteil (m) | wins | [vins] |
| vorteilhaft | voordelig | [foərdeləχ] |

Delegation (f)	delegasie	[deleχasl]
Lohn (m)	salaris	[salaris]
korrigieren (vt)	korrigeer	[korriχeər]
Dienstreise (f)	sakereis	[sakeræjs]
Kommission (f)	kommissie	[kommissi]

kontrollieren (vt)	kontroleer	[kontroleər]
Konferenz (f)	konferensie	[konferɛŋsi]
Lizenz (f)	lisensie	[lisɛŋsi]
zuverlässig	betroubaar	[betræʊbār]

Initiative (f)	inisiatief	[inisiatif]
Norm (f)	norm	[norm]
Umstand (m)	omstandigheid	[omstandiχæjt]
Pflicht (f)	taak	[tāk]

Unternehmen (n)	organisasie	[orχanisasi]
Organisation (Prozess)	organisasie	[orχanisasi]
organisiert (Adj)	georganiseer	[χeorχaniseər]
Abschaffung (f)	kansellering	[kaŋsɛlleriŋ]
abschaffen (vt)	kanselleer	[kaŋsɛlleər]
Bericht (m)	verslag	[ferslaχ]

Patent (n)	patent	[patent]
patentieren (vt)	patenteer	[patenteər]
planen (vt)	beplan	[beplan]

Prämie (f)	bonus	[bonus]
professionell	professioneel	[profɛssioneəl]
Prozedur (f)	prosedure	[prosedurə]

prüfen (Vertrag ~)	ondersoek	[ondərsuk]
Berechnung (f)	berekening	[berekeniŋ]
Ruf (m)	reputasie	[reputasi]
Risiko (n)	risiko	[risiko]

leiten (vt)	beheer	[beheər]
Informationen (pl)	informasie	[informasi]
Eigentum (n)	eiendom	[æjendom]
Bund (m)	unie	[uni]

Lebensversicherung (f)	lewensversekering	[levɛŋs·fersekeriŋ]
versichern (vt)	verseker	[fersekər]
Versicherung (f)	versekering	[fersekeriŋ]

Auktion (f)	veiling	[fæjliŋ]
benachrichtigen (vt)	laat weet	[lãt veət]
Verwaltung (f)	beheer	[beheər]
Dienst (m)	diens	[diŋs]

Forum (n)	forum	[forum]
funktionieren (vi)	funksioneer	[funksioneər]
Etappe (f)	stadium	[stadium]
juristisch	regs-	[reχs-]
Jurist (m)	regsgeleerde	[reχs·χeleərdə]

72. Fertigung. Arbeiten

Werk (n)	fabriek	[fabrik]
Fabrik (f)	fabriek	[fabrik]
Werkstatt (f)	werkplek	[verkplek]
Betrieb (m)	bedryf	[bedrajf]

Industrie (f)	industrie	[industri]
Industrie-	industrieel	[industriəl]
Schwerindustrie (f)	swaar industrie	[swãr industri]
Leichtindustrie (f)	ligte industrie	[liχtə industri]

Produktion (f)	produkte	[produktə]
produzieren (vt)	produseer	[produseər]
Rohstoff (m)	grondstowwe	[χront·stowə]

Vorarbeiter (m), Meister (m)	voorman	[foərman]
Arbeitsteam (n)	werkspan	[verks·pan]
Arbeiter (m)	werker	[verkər]

Arbeitstag (m)	werksdag	[verks·daχ]
Pause (f)	pouse	[pæʊsə]
Versammlung (f)	vergadering	[ferχaderiŋ]
besprechen (vt)	bespreek	[bespreək]

Plan (m)	plan	[plan]
den Plan erfüllen	die plan uitvoer	[di plan œitfur]
Arbeitsertrag (m)	produksienorm	[produksi·norm]
Qualität (f)	kwaliteit	[kwalitæjt]
Prüfung, Kontrolle (f)	kontrole	[kontrolə]
Gütekontrolle (f)	kwaliteitskontrole	[kwalitæjts·kontrolə]

Arbeitsplatzsicherheit (f)	werkplekveiligheid	[verkplek·fæjliχæjt]
Disziplin (f)	dissipline	[dissiplinə]
Übertretung (f)	oortreding	[oərtrediŋ]
übertreten (vt)	oortree	[oərtreə]

| Streik (m) | staking | [stakiŋ] |
| Streikender (m) | staker | [stakər] |

| streiken (vi) | staak | [stāk] |
| Gewerkschaft (f) | vakbond | [fakbont] |

erfinden (vt)	uitvind	[œitfint]
Erfindung (f)	uitvinding	[œitfindiŋ]
Erforschung (f)	navorsing	[naforsiŋ]
verbessern (vt)	verbeter	[fərbetər]
Technologie (f)	tegnologie	[teχnoloχi]
technische Zeichnung (f)	tegniese tekening	[teχnisə tekəniŋ]

Ladung (f)	vrag	[fraχ]
Ladearbeiter (m)	laaier	[lājer]
laden (vt)	laai	[lāi]
Beladung (f)	laai	[lāi]
entladen (vt)	uitlaai	[œitlāi]
Entladung (f)	uitlaai	[œitlāi]

Transport (m)	vervoer	[fərfur]
Transportunternehmen (n)	vervoermaatskappy	[fərfur·mātskappaj]
transportieren (vt)	vervoer	[fərfur]

Güterwagen (m)	trok	[trok]
Zisterne (f)	tenk	[tɛnk]
Lastkraftwagen (m)	vragmotor	[fraχ·motor]

| Werkzeugmaschine (f) | werktuigmasjien | [verktœiχ·maʃin] |
| Mechanismus (m) | meganisme | [meχanismə] |

Industrieabfälle (pl)	industriële afval	[industriɛlə affal]
Verpacken (n)	verpakking	[fərpakkiŋ]
verpacken (vt)	verpak	[fərpak]

73. Vertrag. Zustimmung

Vertrag (m), Auftrag (m)	kontrak	[kontrak]
Vereinbarung (f)	ooreenkoms	[oəreənkoms]
Anhang (m)	addendum	[addendum]

Unterschrift (f)	handtekening	[hand·tekəniŋ]
unterschreiben (vt)	onderteken	[ondərtekən]
Stempel (m)	stempel	[stempəl]

| Vertragsgegenstand (m) | onderwerp van ooreenkoms | [ondərwerp fan oəreənkoms] |

Punkt (m)	klousule	[klæusulə]
Parteien (pl)	partye	[partaje]
rechtmäßige Anschrift (f)	wetlike adres	[vetlikə adres]

Vertrag brechen	die kontrak verbreek	[di kontrak fərbreək]
Verpflichtung (f)	verpligting	[fərpliχtiŋ]
Verantwortlichkeit (f)	verantwoordelikheid	[fərant·voərdelikhæjt]
Force majeure (f)	oormag	[oərmaχ]
Streit (m)	geskil	[χeskil]
Strafsanktionen (pl)	boete	[butə]

74. Import & Export

Import (m)	invoer	[infur]
Importeur (m)	invoerder	[infurdər]
importieren (vt)	invoer	[infur]
Import-	invoer-	[infur-]
Export (m)	uitvoer	[œitfur]
Exporteur (m)	uitvoerder	[œitfurdər]
exportieren (vt)	uitvoer	[œitfur]
Export-	uitvoer-	[œitfur-]
Waren (pl)	goedere	[χuderə]
Partie (f), Ladung (f)	besending	[besendiŋ]
Gewicht (n)	gewig	[χevəχ]
Volumen (n)	volume	[folumə]
Kubikmeter (m)	kubieke meter	[kubikə metər]
Hersteller (m)	produsent	[produsent]
Transportunternehmen (n)	vervoermaatskappy	[ferfur·mätskappaj]
Container (m)	houer	[hæʋər]
Grenze (f)	grens	[χrɛŋs]
Zollamt (n)	doeane	[duanə]
Zoll (m)	doeanereg	[duanə·reχ]
Zollbeamter (m)	doeanebeampte	[duanə·beamptə]
Schmuggel (m)	smokkel	[smokkəl]
Schmuggelware (f)	smokkelgoed	[smokkəl·χut]

75. Finanzen

Aktie (f)	aandeel	[ãndeəl]
Obligation (f)	obligasie	[obliχasi]
Wechsel (m)	promesse	[promɛssə]
Börse (f)	beurs	[bøərs]
Aktienkurs (m)	aandeelkoers	[ãndeəl·kurs]
billiger werden	daal	[dãl]
teuer werden	styg	[stajχ]
Anteil (m)	aandeel	[ãndeəl]
Mehrheitsbeteiligung (f)	meerderheidsbelang	[meərderhæjts·belaŋ]
Investitionen (pl)	belegging	[beleχχiŋ]
investieren (vt)	belê	[belɛ:]
Prozent (n)	persent	[persent]
Zinsen (pl)	rente	[rentə]
Gewinn (m)	wins	[vins]
gewinnbringend	voordelig	[foərdeləχ]
Steuer (f)	belasting	[belastiŋ]

Währung (f)	valuta	[faluta]
Landes-	nasionaal	[naʃionãl]
Geldumtausch (m)	wissel	[vissəl]

| Buchhalter (m) | boekhouer | [bukhæʊər] |
| Buchhaltung (f) | boekhouding | [bukhæʊdiŋ] |

Bankrott (m)	bankrotskap	[bankrotskap]
Zusammenbruch (m)	ineenstorting	[ineɛŋstortiŋ]
Pleite (f)	bankrotskap	[bankrotskap]
pleite gehen	geruïneer wees	[χeruïneər veəs]
Inflation (f)	inflasie	[inflasi]
Abwertung (f)	devaluasie	[defaluasi]

Kapital (n)	kapitaal	[kapitãl]
Einkommen (n)	inkomste	[inkomstə]
Umsatz (m)	omset	[omset]
Mittel (Reserven)	hulpbronne	[hulpbronnə]
Geldmittel (pl)	monetêre hulpbronne	[monetærə hulpbronnə]
Gemeinkosten (pl)	oorhoofse koste	[oərhoefsə kostə]
reduzieren (vt)	verminder	[fermindər]

76. Marketing

Marketing (n)	bemarking	[bemarkiŋ]
Markt (m)	mark	[mark]
Marktsegment (n)	marksegment	[mark·seχment]
Produkt (n)	produk	[produk]
Waren (pl)	goedere	[χuderə]

Schutzmarke (f)	merk	[merk]
Handelsmarke (f)	handelsmerk	[handəls·merk]
Firmenzeichen (n)	logo	[loχo]
Logo (n)	logo	[loχo]

Nachfrage (f)	vraag	[frãχ]
Angebot (n)	aanbod	[ãnbot]
Bedürfnis (n)	behoefte	[behuftə]
Verbraucher (m)	verbruiker	[ferbrœikər]
Analyse (f)	analise	[analisə]
analysieren (vt)	analiseer	[analiseər]
Positionierung (f)	plasing	[plasiŋ]
positionieren (vt)	plaas	[plãs]

Preis (m)	prys	[prajs]
Preispolitik (f)	prysbeleid	[prajs·belæjt]
Preisbildung (f)	prysvorming	[prajs·formiŋ]

77. Werbung

| Werbung (f) | reklame | [reklamə] |
| werben (vt) | adverteer | [adferteər] |

Budget (n)	begroting	[beχrotiŋ]
Werbeanzeige (f)	advertensie	[adfertɛŋsi]
Fernsehwerbung (f)	TV-advertensie	[te·fe-adfertɛŋsi]
Radiowerbung (f)	radioreklame	[radio·reklamə]
Außenwerbung (f)	buitereklame	[bœeitə·reklamə]

Massenmedien (pl)	massamedia	[massa·media]
Zeitschrift (f)	tydskrif	[tajdskrif]
Image (n)	imago	[imaχo]

| Losung (f) | slagspreuk | [slaχ·sprøək] |
| Motto (n) | motto | [motto] |

Kampagne (f)	veldtog	[fɛldtoχ]
Werbekampagne (f)	reklameveldtog	[reklamə·fɛldtoχ]
Zielgruppe (f)	doelgroep	[dul·χrup]

Visitenkarte (f)	besigheidskaartjie	[besiχæjts·kärki]
Flugblatt (n)	strooibiljet	[stroj·biljet]
Broschüre (f)	brosjure	[broʃurə]
Faltblatt (n)	pamflet	[pamflet]
Informationsblatt (n)	nuusbrief	[nɪsbrif]

Firmenschild (n)	reklamebord	[reklamə·bort]
Plakat (n)	plakkaat	[plakkät]
Werbeschild (n)	aanplakbord	[änplakbort]

78. Bankgeschäft

| Bank (f) | bank | [bank] |
| Filiale (f) | tak | [tak] |

| Berater (m) | bankklerk | [bank·klerk] |
| Leiter (m) | bestuurder | [bestɪrdər] |

Konto (n)	bankrekening	[bank·rekəniŋ]
Kontonummer (f)	rekeningnommer	[rekəniŋ·nommər]
Kontokorrent (n)	tjekrekening	[tʃek·rekəniŋ]
Sparkonto (n)	spaarrekening	[spär·rekəniŋ]

| das Konto schließen | die rekening sluit | [di rekəniŋ slœit] |
| abheben (vt) | trek | [trek] |

Einzahlung (f)	deposito	[deposito]
Überweisung (f)	telegrafiese oorplasing	[teleχrafisə oərplasiŋ]
überweisen (vt)	oorplaas	[oərplās]

| Summe (f) | som | [som] |
| Wieviel? | Hoeveel? | [hufeəl?] |

Unterschrift (f)	handtekening	[hand·tekəniŋ]
unterschreiben (vt)	onderteken	[ondərtekən]
Kreditkarte (f)	kredietkaart	[kredit·kärt]
Code (m)	kode	[kodə]

Kreditkartennummer (f)	kredietkaartnommer	[kredit·kārt·nommǝr]
Geldautomat (m)	OTM	[o·te·em]

Scheck (m)	tjek	[tʃek]
Scheckbuch (n)	tjekboek	[tʃek·buk]

Darlehen (m)	lening	[leniŋ]
Sicherheit (f)	waarborg	[vārborχ]

79. Telefon. Telefongespräche

Telefon (n)	telefoon	[telefoǝn]
Mobiltelefon (n)	selfoon	[sɛlfoǝn]
Anrufbeantworter (m)	antwoordmasjien	[antwoǝrt·maʃin]

anrufen (vt)	bel	[bǝl]
Anruf (m)	oproep	[oprup]

Hallo!	Hallo!	[hallo!]
fragen (vt)	vra	[fra]
antworten (vi)	antwoord	[antwoǝrt]

hören (vt)	hoor	[hoǝr]
gut (~ aussehen)	goed	[χut]
schlecht (Adv)	nie goed nie	[ni χut ni]
Störungen (pl)	steurings	[støǝriŋs]

Hörer (m)	gehoorstuk	[χehoǝrstuk]
den Hörer abnehmen	optel	[optǝl]
auflegen (den Hörer ~)	afskakel	[afskakǝl]

besetzt	besig	[besǝχ]
läuten (vi)	lui	[lœi]
Telefonbuch (n)	telefoongids	[telefoǝn·χids]

Orts-	lokale	[lokalǝ]
Ortsgespräch (n)	lokale oproep	[lokalǝ oprup]
Auslands-	internasionale	[internaʃionalǝ]
Auslandsgespräch (n)	internasionale oproep	[internaʃionalǝ oprup]
Fern-	langafstand	[lanχ·afstant]
Ferngespräch (n)	langafstand oproep	[lanχ·afstant oprup]

80. Mobiltelefon

Mobiltelefon (n)	selfoon	[sɛlfoǝn]
Display (n)	skerm	[skerm]
Knopf (m)	knoppie	[knoppi]
SIM-Karte (f)	SIMkaart	[sim·kārt]

Batterie (f)	battery	[battǝraj]
leer sein (Batterie)	pap wees	[pap veǝs]
Ladegerät (n)	batterylaaier	[battǝraj·lajer]

Menü (n)	spyskaart	[spajs·kārt]
Einstellungen (pl)	instellings	[instɛliŋs]
Melodie (f)	wysie	[vajsi]
auswählen (vt)	kies	[kis]

Rechner (m)	sakrekenaar	[sakrekənār]
Anrufbeantworter (m)	stempos	[stem·pos]
Wecker (m)	wekker	[vɛkkər]
Kontakte (pl)	kontakte	[kontaktə]

| SMS-Nachricht (f) | SMS | [es·em·es] |
| Teilnehmer (m) | intekenaar | [intekənār] |

81. Bürobedarf

| Kugelschreiber (m) | bolpen | [bol·pen] |
| Federhalter (m) | vulpen | [ful·pen] |

Bleistift (m)	potlood	[potloət]
Faserschreiber (m)	merkpen	[merk·pen]
Filzstift (m)	viltpen	[filt·pen]

| Notizblock (m) | notaboekie | [nota·buki] |
| Terminkalender (m) | dagboek | [daχ·buk] |

Lineal (n)	liniaal	[liniāl]
Rechner (m)	sakrekenaar	[sakrekənār]
Radiergummi (m)	uitveër	[œitfeɛr]
Reißzwecke (f)	duimspyker	[dœim·spajkər]
Heftklammer (f)	skuifspeld	[skœif·spɛlt]

Klebstoff (m)	gom	[χom]
Hefter (m)	krammasjien	[kram·maʃin]
Locher (m)	ponsmasjien	[pɔŋs·maʃin]
Bleistiftspitzer (m)	skerpmaker	[skerp·makər]

82. Geschäftsarten

Buchführung (f)	boekhoudienste	[bukhæʊ·diŋstə]
Werbung (f)	reklame	[reklamə]
Werbeagentur (f)	reklameburo	[reklamə·buro]
Klimaanlagen (pl)	lugversorger	[luχfersorχər]
Fluggesellschaft (f)	lugredery	[luχrederaj]

Spirituosen (pl)	alkoholiese dranke	[alkoholisə drankə]
Antiquitäten (pl)	antiek	[antik]
Kunstgalerie (f)	kunsgalery	[kuns·χaleraj]
Rechnungsprüfung (f)	ouditeursdienste	[æʊditøers·diŋstə]

Bankwesen (n)	bankwese	[bankwesə]
Bar (f)	kroeg	[kruχ]
Schönheitssalon (m)	skoonheidssalon	[skoənhæjts·salon]

Buchhandlung (f)	boekhandel	[buk·handəl]
Bierbrauerei (f)	brouery	[bræυeraj]
Bürogebäude (n)	sakesentrum	[sakə·sentrum]
Business-Schule (f)	besigheidsskool	[besiχæjts·skoəl]

Kasino (n)	kasino	[kasino]
Bau (m)	boubedryf	[bæυbedrajf]
Beratung (f)	advieskantoor	[adfis·kantoər]

Stomatologie (f)	tandekliniek	[tandə·klinik]
Design (n)	ontwerp	[ontwerp]
Apotheke (f)	apteek	[apteək]
chemische Reinigung (f)	droogskoonmakers	[droəχ·skoən·makers]
Personalagentur (f)	arbeidsburo	[arbæjds·buro]

Finanzdienstleistungen (pl)	finansiële dienste	[finaŋsiɛlə diŋstə]
Nahrungsmittel (pl)	voedingsware	[fudiŋs·warə]
Bestattungsinstitut (n)	begrafnisonderneming	[beχrafnis·ondərnemiŋ]
Möbel (n)	meubels	[møəbɛls]
Kleidung (f)	klerasie	[klerasi]
Hotel (n)	hotel	[hotəl]

Eis (n)	roomys	[roəm·ajs]
Industrie (f)	industrie	[industri]
Versicherung (f)	versekering	[fersekeriŋ]
Internet (n)	internet	[internet]
Investitionen (pl)	investerings	[infesteriŋs]

Juwelier (m)	juwelier	[juvelir]
Juwelierwaren (pl)	juweliersware	[juvelirs·warə]
Wäscherei (f)	wassery	[vasseraj]
Rechtsberatung (f)	regsadviseur	[reχs·adfisøər]
Leichtindustrie (f)	ligte industrie	[liχtə industri]

Zeitschrift (f)	tydskrif	[tajdskrif]
Versandhandel (m)	posorderbedryf	[pos·ordər·bedrajf]
Medizin (f)	geneesmiddels	[χeneəs·middəls]
Kino (Filmtheater)	bioskoop	[bioskoəp]
Museum (n)	museum	[musøəm]

Nachrichtenagentur (f)	nuusagentskap	[nɪs·aχentskap]
Zeitung (f)	koerant	[kurant]
Nachtklub (m)	nagklub	[naχ·klup]

Erdöl (n)	olie	[oli]
Kurierdienst (m)	koerierdienste	[kurir·diŋstə]
Pharmaindustrie (f)	farmasie	[farmasi]
Druckindustrie (f)	drukkery	[drukkəraj]
Verlag (m)	uitgewery	[œitχeveraj]

Rundfunk (m)	radio	[radio]
Immobilien (pl)	eiendom	[æjendom]
Restaurant (n)	restaurant	[restɔurant]

Sicherheitsagentur (f)	sekuriteitsfirma	[sekuritæjts·firma]
Sport (m)	sport	[sport]

Börse (f)	beurs	[bøərs]
Laden (m)	winkel	[vinkəl]
Supermarkt (m)	supermark	[supermark]
Schwimmbad (n)	swembad	[swem·bat]

Atelier (n)	kleremaker	[klerə·makər]
Fernsehen (n)	televisie	[telefisi]
Theater (n)	teater	[teatər]
Handel (m)	handel	[handəl]
Transporte (pl)	vervoer	[ferfur]
Reisen (pl)	reisbedryf	[ræjs·bedrajf]

Tierarzt (m)	veearts	[feə·arts]
Warenlager (n)	pakhuis	[pak·hœis]
Müllabfuhr (f)	afvalinsameling	[affal·insameliŋ]

Arbeit. Geschäft. Teil 2

83. Show. Ausstellung

Ausstellung (f)	skou	[skæʊ]
Handelsausstellung (f)	handelsskou	[handəls·skæʊ]
Teilnahme (f)	deelneming	[deəlnemiŋ]
teilnehmen (vi)	deelneem	[deəlneəm]
Teilnehmer (m)	deelnemer	[deəlnemər]
Direktor (m)	bestuurder	[bestɪrdər]
Messeverwaltung (f)	organisasiekantoor	[orχanisasi·kantoər]
Organisator (m)	organiseerder	[orχaniseərdər]
veranstalten (vt)	organiseer	[orχaniseər]
Anmeldeformular (n)	deelnemingsvorm	[deəlnemiŋs·form]
ausfüllen (vt)	invul	[inful]
Details (pl)	besonderhede	[besondərhedə]
Information (f)	informasie	[informasi]
Preis (m)	prys	[prajs]
einschließlich	insluitend	[inslœitent]
einschließen (vt)	insluit	[inslœit]
zahlen (vt)	betaal	[betāl]
Anmeldegebühr (f)	registrasiefooi	[reχistrasi·foj]
Eingang (m)	ingang	[inχaŋ]
Pavillon (m)	paviljoen	[pafiljun]
registrieren (vt)	registreer	[reχistreər]
Namensschild (n)	lapelkaart	[lapəl·kārt]
Stand (m)	stalletjie	[stalləki]
reservieren (vt)	bespreek	[bespreek]
Vitrine (f)	uistalkas	[œistalkas]
Strahler (m)	kollig	[kolleχ]
Design (n)	ontwerp	[ontwerp]
stellen (vt)	sit	[sit]
gelegen sein	geplaas wees	[χeplās veəs]
Distributor (m)	verdeler	[ferdelər]
Lieferant (m)	verskaffer	[ferskaffer]
liefern (vt)	verskaf	[ferskaf]
Land (n)	land	[lant]
ausländisch	buitelands	[bœitelands]
Produkt (n)	produk	[produk]
Assoziation (f)	vereniging	[ferenəχiŋ]
Konferenzraum (m)	konferensiesaal	[konferɛnsi·sāl]

| Kongress (m) | kongres | [konχres] |
| Wettbewerb (m) | wedstryd | [vedstrajt] |

Besucher (m)	besoeker	[besukər]
besuchen (vt)	besoek	[besuk]
Auftraggeber (m)	kliënt	[kliɛnt]

84. Wissenschaft. Forschung. Wissenschaftler

Wissenschaft (f)	wetenskap	[vetɛŋskap]
wissenschaftlich	wetenskaplik	[vetɛŋskaplik]
Wissenschaftler (m)	wetenskaplike	[vetɛŋskaplikə]
Theorie (f)	teorie	[teori]

Axiom (n)	aksioma	[aksioma]
Analyse (f)	analise	[analisə]
analysieren (vt)	analiseer	[analiseər]
Argument (n)	argument	[arχument]
Substanz (f)	substansie	[substaŋsi]

Hypothese (f)	hipotese	[hipotesə]
Dilemma (n)	dilemma	[dilɛmma]
Dissertation (f)	proefskrif	[prufskrif]
Dogma (n)	dogma	[doχma]

Doktrin (f)	doktrine	[doktrinə]
Forschung (f)	navorsing	[naforsiŋ]
forschen (vi)	navors	[nafors]
Kontrolle (f)	toetse	[tutsə]
Labor (n)	laboratorium	[laboratorium]

Methode (f)	metode	[metodə]
Molekül (n)	molekule	[molekulə]
Monitoring (n)	monitering	[moniteriŋ]
Entdeckung (f)	ontdekking	[ontdɛkkiŋ]

Postulat (n)	postulaat	[postulāt]
Prinzip (n)	beginsel	[beχinsəl]
Prognose (f)	voorspelling	[foərspɛlliŋ]
prognostizieren (vt)	voorspel	[foərspəl]

Synthese (f)	sintese	[sintesə]
Tendenz (f)	tendens	[tendɛŋs]
Theorem (n)	stelling	[stɛlliŋ]

Lehre (Doktrin)	leer	[leər]
Tatsache (f)	feit	[fæjt]
Expedition (f)	ekspedisie	[ɛkspedisi]
Experiment (n)	eksperiment	[ɛksperiment]

Akademiemitglied (n)	akademikus	[akademikus]
Bachelor (m)	baccalaureus	[bakalɔurøes]
Doktor (m)	doktor	[doktor]
Dozent (m)	medeprofessor	[medə·profɛssor]

| Magister (m) | **Magister** | [maχistər] |
| Professor (m) | **professor** | [profɛssor] |

Berufe und Tätigkeiten

85. Arbeitsuche. Kündigung

Arbeit (f), Stelle (f)	baantjie	[bãnki]
Belegschaft (f)	personeel	[personeəl]
Personal (n)	personeel	[personeəl]
Karriere (f)	loopbaan	[loəpbãn]
Perspektive (f)	vooruitsigte	[foərœit·si̞χtə]
Können (n)	meesterskap	[meəsterskap]
Auswahl (f)	seleksie	[seleksi]
Personalagentur (f)	arbeidsburo	[arbæjds·buro]
Lebenslauf (m)	curriculum vitae	[kurrikulum fitaə]
Vorstellungsgespräch (n)	werksonderhoud	[werk·ondərhæʊt]
Vakanz (f)	vakature	[fakaturə]
Gehalt (n)	salaris	[salaris]
festes Gehalt (n)	vaste salaris	[fastə salaris]
Arbeitslohn (m)	loon	[loən]
Stellung (f)	posisie	[posisi]
Pflicht (f)	taak	[tãk]
Aufgabenspektrum (n)	reeks opdragte	[reəks opdraχtə]
beschäftigt	besig	[besəχ]
kündigen (vt)	afdank	[afdank]
Kündigung (f)	afdanking	[afdankiŋ]
Arbeitslosigkeit (f)	werkloosheid	[verkloəshæjt]
Arbeitslose (m)	werkloos	[verkloəs]
Rente (f), Ruhestand (m)	pensioen	[pɛnsiun]
in Rente gehen	met pensioen gaan	[met pɛnsiun χãn]

86. Geschäftsleute

Direktor (m)	direkteur	[direktøər]
Leiter (m)	bestuurder	[bestɪrdər]
Boss (m)	baas	[bãs]
Vorgesetzte (m)	hoof	[hoəf]
Vorgesetzten (pl)	hoofde	[hoəfdə]
Präsident (m)	direkteur	[direktøər]
Vorsitzende (m)	voorsitter	[foərsittər]
Stellvertreter (m)	adjunk	[adjunk]
Helfer (m)	assistent	[assistent]

| Sekretär (m) | sekretaris | [sekretaris] |
| Privatsekretär (m) | persoonlike assistent | [persoənlikə assistent] |

Geschäftsmann (m)	sakeman	[sakəman]
Unternehmer (m)	entrepreneur	[ɛntrəprenøər]
Gründer (m)	stigter	[stiχtər]
gründen (vt)	stig	[stiχ]

Gründungsmitglied (n)	stigter	[stiχtər]
Partner (m)	vennoot	[fɛnnoət]
Aktionär (m)	aandeelhouer	[āndeəl·hæʋər]

Millionär (m)	miljoenêr	[miljunær]
Milliardär (m)	miljardêr	[miljardær]
Besitzer (m)	eienaar	[æjenār]
Landbesitzer (m)	grondeienaar	[χront·æjenār]

Kunde (m)	kliënt	[kliɛnt]
Stammkunde (m)	vaste kliënt	[fastə kliɛnt]
Käufer (m)	koper	[kopər]
Besucher (m)	besoeker	[besukər]

Fachmann (m)	professioneel	[profɛssioneəl]
Experte (m)	kenner	[kɛnnər]
Spezialist (m)	spesialis	[spesialis]

| Bankier (m) | bankier | [bankir] |
| Makler (m) | makelaar | [makəlār] |

Kassierer (m)	kassier	[kassir]
Buchhalter (m)	boekhouer	[bukhæʋər]
Wächter (m)	veiligheidswag	[fæjliχæjts·waχ]

Investor (m)	belegger	[beleχər]
Schuldner (m)	skuldenaar	[skuldenār]
Gläubiger (m)	krediteur	[kreditøər]
Kreditnehmer (m)	lener	[lenər]

| Importeur (m) | invoerder | [infurdər] |
| Exporteur (m) | uitvoerder | [œitfurdər] |

Hersteller (m)	produsent	[produsent]
Distributor (m)	verdeler	[ferdelər]
Vermittler (m)	tussenpersoon	[tussən·persoən]

Berater (m)	raadgewer	[rāt·χevər]
Vertreter (m)	verkoopsagent	[ferkoəps·aχent]
Agent (m)	agent	[aχent]
Versicherungsagent (m)	versekeringsagent	[fersəkeriŋs·aχent]

87. Dienstleistungsberufe

| Koch (m) | kok | [kok] |
| Chefkoch (m) | sjef | [ʃef] |

Bäcker (m)	bakker	[bakkər]
Barmixer (m)	kroegman	[kruχman]
Kellner (m)	kelner	[kɛlnər]
Kellnerin (f)	kelnerin	[kɛlnərin]

Rechtsanwalt (m)	advokaat	[adfokãt]
Jurist (m)	prokureur	[prokurøər]
Notar (m)	notaris	[notaris]

Elektriker (m)	elektrisiën	[ɛlektrisiɛn]
Klempner (m)	loodgieter	[loədχitər]
Zimmermann (m)	timmerman	[timmerman]

Masseur (m)	masseerder	[masseərdər]
Masseurin (f)	masseerster	[masseərstər]
Arzt (m)	dokter	[doktər]

Taxifahrer (m)	taxibestuurder	[taksi·bestɪrdər]
Fahrer (m)	bestuurder	[bestɪrdər]
Ausfahrer (m)	koerier	[kurir]

Zimmermädchen (n)	kamermeisie	[kamər·mæjsi]
Wächter (m)	veiligheidswag	[fæjliχæjts·waχ]
Flugbegleiterin (f)	lugwaardin	[luχ·wãrdin]

Lehrer (m)	onderwyser	[ondərwajsər]
Bibliothekar (m)	bibliotekaris	[bibliotekaris]
Übersetzer (m)	vertaler	[fertalər]
Dolmetscher (m)	tolk	[tolk]
Fremdenführer (m)	gids	[χids]

Friseur (m)	haarkapper	[hãr·kappər]
Briefträger (m)	posbode	[pos·bodə]
Verkäufer (m)	verkoper	[ferkopər]

Gärtner (m)	tuinman	[tœin·man]
Diener (m)	bediende	[bedində]
Magd (f)	bediende	[bedində]
Putzfrau (f)	skoonmaakster	[skoən·mãkstər]

88. Militärdienst und Ränge

einfacher Soldat (m)	soldaat	[soldãt]
Feldwebel (m)	sersant	[sersant]
Leutnant (m)	luitenant	[lœitənant]
Hauptmann (m)	kaptein	[kaptæjn]

Major (m)	majoor	[majoər]
Oberst (m)	kolonel	[kolonəl]
General (m)	generaal	[χenərãl]
Marschall (m)	maarskalk	[mãrskalk]
Admiral (m)	admiraal	[admirãl]
Militärperson (f)	leër	[leɛr]
Soldat (m)	soldaat	[soldãt]

| Offizier (m) | offisier | [offisir] |
| Kommandeur (m) | kommandant | [kommandant] |

Grenzsoldat (m)	grenswag	[xrɛŋs·waχ]
Funker (m)	radio-operateur	[radio-operatøer]
Aufklärer (m)	verkenner	[ferkɛnnər]
Pionier (m)	sappeur	[sappøer]
Schütze (m)	skutter	[skuttər]
Steuermann (m)	navigator	[nafiχator]

89. Beamte. Priester

| König (m) | koning | [koniŋ] |
| Königin (f) | koningin | [koniŋin] |

| Prinz (m) | prins | [prins] |
| Prinzessin (f) | prinses | [prinsəs] |

| Zar (m) | tsaar | [tsãr] |
| Zarin (f) | tsarina | [tsarina] |

Präsident (m)	president	[president]
Minister (m)	minister	[ministər]
Ministerpräsident (m)	eerste minister	[eərste ministər]
Senator (m)	senator	[senator]

Diplomat (m)	diplomaat	[diplomãt]
Konsul (m)	konsul	[kɔŋsul]
Botschafter (m)	ambassadeur	[ambassadøer]
Ratgeber (m)	adviseur	[adfisøer]

Beamte (m)	amptenaar	[amptənar]
Präfekt (m)	prefek	[prefek]
Bürgermeister (m)	burgermeester	[burgər·meəstər]

| Richter (m) | regter | [reχtər] |
| Staatsanwalt (m) | aanklaer | [ãnklaər] |

Missionar (m)	sendeling	[sendəliŋ]
Mönch (m)	monnik	[monnik]
Abt (m)	ab	[ap]
Rabbiner (m)	rabbi	[rabbi]

Wesir (m)	visier	[fisir]
Schah (n)	sjah	[ʃah]
Scheich (m)	sjeik	[ʃæjk]

90. Landwirtschaftliche Berufe

Bienenzüchter (m)	byeboer	[bajebur]
Hirt (m)	herder	[herdər]
Agronom (m)	landboukundige	[landbæʊ·kundiχə]

| Viehzüchter (m) | veeteler | [feə·telər] |
| Tierarzt (m) | veearts | [feə·arts] |

Farmer (m)	boer	[bur]
Winzer (m)	wynmaker	[vajn·makər]
Zoologe (m)	dierkundige	[dir·kundiχə]
Cowboy (m)	cowboy	[kovboj]

91. Künstler

| Schauspieler (m) | akteur | [aktøər] |
| Schauspielerin (f) | aktrise | [aktrisə] |

| Sänger (m) | sanger | [saŋər] |
| Sängerin (f) | sangeres | [saŋeres] |

| Tänzer (m) | danser | [daŋsər] |
| Tänzerin (f) | danseres | [daŋsəres] |

| Künstler (m) | verhoogkunstenaar | [ferhoəχ·kunstənãr] |
| Künstlerin (f) | verhoogkunstenares | [ferhoəχ·kunstənares] |

Musiker (m)	musikant	[musikant]
Pianist (m)	pianis	[pianis]
Gitarrist (m)	kitaarspeler	[kitãr·spelər]

Dirigent (m)	dirigent	[diriχent]
Komponist (m)	komponis	[komponis]
Manager (m)	impresario	[impresario]

Regisseur (m)	filmregisseur	[film·reχissøər]
Produzent (m)	produsent	[produsent]
Drehbuchautor (m)	draaiboekskrywer	[drãjbuk·skrajvər]
Kritiker (m)	kritikus	[kritikus]

Schriftsteller (m)	skrywer	[skrajvər]
Dichter (m)	digter	[diχtər]
Bildhauer (m)	beeldhouer	[beəldhæʋər]
Maler (m)	kunstenaar	[kunstenãr]

Jongleur (m)	jongleur	[jonχløər]
Clown (m)	hanswors	[haŋswors]
Akrobat (m)	akrobaat	[akrobãt]
Zauberkünstler (m)	goëlaar	[χoɛlãr]

92. Verschiedene Berufe

Arzt (m)	dokter	[doktər]
Krankenschwester (f)	verpleegster	[ferpleəχ·stər]
Psychiater (m)	psigiater	[psiχiatər]
Zahnarzt (m)	tandarts	[tand·arts]
Chirurg (m)	chirurg	[ʃirurχ]

Astronaut (m)	astronout	[astronæʊt]
Astronom (m)	astronoom	[astronoəm]
Pilot (m)	piloot	[piloət]

Fahrer (Taxi-)	bestuurder	[bestɪrdər]
Lokomotivführer (m)	treindrywer	[træjn·drajvər]
Mechaniker (m)	werktuigkundige	[verktœiχ·kundiχə]

Bergarbeiter (m)	mynwerker	[majn·werkər]
Arbeiter (m)	werker	[verkər]
Schlosser (m)	slotmaker	[slot·makər]
Tischler (m)	skrynwerker	[skrajn·werkər]
Dreher (m)	draaibankwerker	[drājbank·werkər]
Bauarbeiter (m)	bouwerker	[bæʊ·verkər]
Schweißer (m)	sweiser	[swæjsər]

Professor (m)	professor	[profɛssor]
Architekt (m)	argitek	[arχitek]
Historiker (m)	historikus	[historikus]
Wissenschaftler (m)	wetenskaplike	[vetɛŋskaplikə]
Physiker (m)	fisikus	[fisikus]
Chemiker (m)	skeikundige	[skæjkundiχə]

Archäologe (m)	argeoloog	[arχeoloəχ]
Geologe (m)	geoloog	[χeoloəχ]
Forscher (m)	navorser	[naforsər]

| Kinderfrau (f) | babasitter | [babasittər] |
| Lehrer (m) | onderwyser | [ondərwajsər] |

Redakteur (m)	redakteur	[redaktøər]
Chefredakteur (m)	hoofredakteur	[hoəf·redaktøər]
Korrespondent (m)	korrespondent	[korrespondɛnt]
Schreibkraft (f)	tikster	[tikstər]

Designer (m)	ontwerper	[ontwerpər]
Computerspezialist (m)	rekenaarkenner	[rekənār·kɛnnər]
Programmierer (m)	programmeur	[proχrammøər]
Ingenieur (m)	ingenieur	[inχeniøər]

Seemann (m)	matroos	[matroəs]
Matrose (m)	seeman	[seəman]
Retter (m)	redder	[rɛddər]

Feuerwehrmann (m)	brandweerman	[brantveər·man]
Polizist (m)	polisieman	[polisi·man]
Nachtwächter (m)	bewaker	[bevakər]
Detektiv (m)	speurder	[spøərdər]

Zollbeamter (m)	doeanebeampte	[duanə·beamptə]
Leibwächter (m)	lyfwag	[lajf·waχ]
Gefängniswärter (m)	tronkbewaarder	[tronk·bevārdər]
Inspektor (m)	inspekteur	[inspektøər]

| Sportler (m) | sportman | [sportman] |
| Trainer (m) | breier | [bræjer] |

Fleischer (m)	**slagter**	[slaχtər]
Schuster (m)	**skoenmaker**	[skun·makər]
Geschäftsmann (m)	**handelaar**	[handəlãr]
Ladearbeiter (m)	**laaier**	[lãjer]

Modedesigner (m)	**modeontwerper**	[modə·ontwerpər]
Modell (n)	**model**	[modəl]

93. Beschäftigung. Sozialstatus

Schüler (m)	**skoolseun**	[skoəl·søən]
Student (m)	**student**	[student]

Philosoph (m)	**filosoof**	[filosoəf]
Ökonom (m)	**ekonoom**	[ɛkonoəm]
Erfinder (m)	**uitvinder**	[œitfindər]

Arbeitslose (m)	**werkloos**	[verkloəs]
Rentner (m)	**pensioentrekker**	[pɛnsiun·trɛkkər]
Spion (m)	**spioen**	[spiun]

Gefangene (m)	**gevangene**	[χefaŋənə]
Streikender (m)	**staker**	[stakər]
Bürokrat (m)	**burokraat**	[burokrãt]
Reisende (m)	**reisiger**	[ræjsiχər]

Homosexuelle (m)	**gay**	[χaaj]
Hacker (m)	**kuberkraker**	[kubər·krakər]
Hippie (m)	**hippie**	[hippi]

Bandit (m)	**bandiet**	[bandit]
Killer (m)	**huurmoordenaar**	[hɪr·moərdenãr]
Drogenabhängiger (m)	**dwelmslaaf**	[dwɛlm·slãf]
Drogenhändler (m)	**dwelmhandelaar**	[dwɛlm·handəlãr]
Prostituierte (f)	**prostituut**	[prostitɪt]
Zuhälter (m)	**pooier**	[pojer]

Zauberer (m)	**towenaar**	[tovenãr]
Zauberin (f)	**heks**	[heks]
Seeräuber (m)	**piraat, seerower**	[pirãt], [see·rovər]
Sklave (m)	**slaaf**	[slãf]
Samurai (m)	**samoerai**	[samuraj]
Wilde (m)	**wilde**	[vildə]

Ausbildung

94. Schule

| Schule (f) | skool | [skoəl] |
| Schulleiter (m) | prinsipaal | [prinsipāl] |

Schüler (m)	leerder	[leərdər]
Schülerin (f)	leerder	[leərdər]
Schuljunge (m)	skoolseun	[skoəl·søən]
Schulmädchen (f)	skooldogter	[skoəl·doχtər]

lehren (vt)	leer	[leər]
lernen (Englisch ~)	leer	[leər]
auswendig lernen	van buite leer	[fan bœitə leər]

lernen (vi)	leer	[leər]
in der Schule sein	op skool wees	[op skoəl veəs]
die Schule besuchen	skooltoe gaan	[skoəltu χān]

| Alphabet (n) | alfabet | [alfabet] |
| Fach (n) | vak | [fak] |

Klassenraum (m)	klaskamer	[klas·kamər]
Stunde (f)	les	[les]
Pause (f)	pouse	[pæʊsə]
Schulglocke (f)	skoolbel	[skoəl·bəl]
Schulbank (f)	skoolbank	[skoəl·bank]
Tafel (f)	bord	[bort]

Note (f)	simbool	[simboəl]
gute Note (f)	goeie punt	[χuje punt]
schlechte Note (f)	slegte punt	[sleχtə punt]

Fehler (m)	fout	[fæʊt]
Fehler machen	foute maak	[fæʊtə māk]
korrigieren (vt)	korrigeer	[korriχeər]
Spickzettel (m)	afskryfbriefie	[afskrajf·brifi]

| Hausaufgabe (f) | huiswerk | [hœis·werk] |
| Übung (f) | oefening | [ufeniŋ] |

anwesend sein	aanwesig wees	[ānwesəχ veəs]
fehlen (in der Schule ~)	afwesig wees	[afwesəχ veəs]
versäumen (Schule ~)	stokkies draai	[stokkis drāj]

bestrafen (vt)	straf	[straf]
Strafe (f)	straf	[straf]
Benehmen (n)	gedrag	[χedraχ]
Zeugnis (n)	rapport	[rapport]

Bleistift (m)	potlood	[potloət]
Radiergummi (m)	uitveër	[œitfeɛr]
Kreide (f)	kryt	[krajt]
Federkasten (m)	potloodsakkie	[potloət·sakki]

Schulranzen (m)	boekesak	[bukə·sak]
Kugelschreiber, Stift (m)	pen	[pen]
Heft (n)	skryfboek	[skrajf·buk]

| Lehrbuch (n) | handboek | [hand·buk] |
| Zirkel (m) | passer | [passər] |

| zeichnen (vt) | tegniese tekeninge maak | [teχnisə tekənikə māk] |
| Zeichnung (f) | tegniese tekening | [teχnisə tekəniŋ] |

Gedicht (n)	gedig	[χedəχ]
auswendig (Adv)	van buite	[fan bœitə]
auswendig lernen	van buite leer	[fan bœitə leər]

Ferien (pl)	skoolvakansie	[skoəl·fakaŋsi]
in den Ferien sein	met vakansie wees	[met fakaŋsi veəs]
Ferien verbringen	jou vakansie deurbring	[jæʊ fakaŋsi døərbriŋ]

Test (m), Prüfung (f)	toets	[tuts]
Aufsatz (m)	opstel	[opstəl]
Diktat (n)	diktee	[dikteə]

| Prüfung (f) | eksamen | [ɛksamen] |
| Experiment (n) | eksperiment | [ɛksperiment] |

95. Hochschule. Universität

Akademie (f)	akademie	[akademi]
Universität (f)	universiteit	[unifersitæjt]
Fakultät (f)	fakulteit	[fakultæjt]

Student (m)	student	[student]
Studentin (f)	student	[student]
Lehrer (m)	lektor	[lektor]

| Hörsaal (m) | lesingsaal | [lesiŋ·sāl] |
| Hochschulabsolvent (m) | gegradueerde | [χeχradueərdə] |

| Diplom (n) | sertifikaat | [sertifikāt] |
| Dissertation (f) | proefskrif | [prufskrif] |

| Forschung (f) | navorsing | [naforsiŋ] |
| Labor (n) | laboratorium | [laboratorium] |

| Vorlesung (f) | lesing | [lesiŋ] |
| Kommilitone (m) | medestudent | [medə·student] |

| Stipendium (n) | beurs | [bøərs] |
| akademischer Grad (m) | akademiese graad | [akademisə χrāt] |

96. Naturwissenschaften. Fächer

Mathematik (f)	wiskunde	[viskundə]
Algebra (f)	algebra	[alχebra]
Geometrie (f)	meetkunde	[meetkundə]

Astronomie (f)	astronomie	[astronomi]
Biologie (f)	biologie	[bioloχi]
Erdkunde (f)	geografie	[χeoχrafi]
Geologie (f)	geologie	[χeoloχi]
Geschichte (f)	geskiedenis	[χeskidenis]

Medizin (f)	geneeskunde	[χenees·kundə]
Pädagogik (f)	pedagogie	[pedaχoχi]
Recht (n)	regte	[reχtə]

Physik (f)	fisika	[fisika]
Chemie (f)	chemie	[χemi]
Philosophie (f)	filosofie	[filosofi]
Psychologie (f)	sielkunde	[silkundə]

97. Schrift Rechtschreibung

Grammatik (f)	grammatika	[χrammatika]
Lexik (f)	woordeskat	[voərdeskat]
Phonetik (f)	fonetika	[fonetika]

Substantiv (n)	selfstandige naamwoord	[sɛlfstandiχə nãmwoərt]
Adjektiv (n)	byvoeglike naamwoord	[bajfuχlike nãmvoərt]
Verb (n)	werkwoord	[verk·woərt]
Adverb (n)	bijwoord	[bij·woərt]

Pronomen (n)	voornaamwoord	[foərnãm·voərt]
Interjektion (f)	tussenwerpsel	[tussən·werpsəl]
Präposition (f)	voorsetsel	[foərsetsəl]

Wurzel (f)	stam	[stam]
Endung (f)	agtervoegsel	[aχtər·fuχsəl]
Vorsilbe (f)	voorvoegsel	[foər·fuχsəl]
Silbe (f)	lettergreep	[lɛttər·χreəp]
Suffix (n), Nachsilbe (f)	agtervoegsel, suffiks	[aχtər·fuχsəl], [suffiks]

| Betonung (f) | klemteken | [klem·tekən] |
| Apostroph (m) | afkappingsteken | [afkappiŋs·tekən] |

Punkt (m)	punt	[punt]
Komma (n)	komma	[komma]
Semikolon (n)	kommapunt	[komma·punt]
Doppelpunkt (m)	dubbelpunt	[dubbəl·punt]
Auslassungspunkte (pl)	beletselteken	[beletsəl·tekən]

| Fragezeichen (n) | vraagteken | [frãχ·tekən] |
| Ausrufezeichen (n) | uitroepteken | [œitrup·tekən] |

Anführungszeichen (pl)	aanhalingstekens	[ānhaliŋs·tekəns]
in Anführungszeichen	tussen aanhalingstekens	[tussən ānhaliŋs·tekəns]
runde Klammern (pl)	hakies	[hakis]
in Klammern	tussen hakies	[tussən hakis]

Bindestrich (m)	koppelteken	[koppəl·tekən]
Gedankenstrich (m)	strepie	[strepi]
Leerzeichen (n)	spasie	[spasi]

| Buchstabe (m) | letter | [lɛttər] |
| Großbuchstabe (m) | hoofletter | [hoəf·lɛttər] |

| Vokal (m) | klinker | [klinkər] |
| Konsonant (m) | konsonant | [kɔŋsonant] |

Satz (m)	sin	[sin]
Subjekt (n)	onderwerp	[ondərwerp]
Prädikat (n)	predikaat	[predikāt]

| Zeile (f) | reël | [reɛl] |
| Absatz (m) | paragraaf | [paraχrāf] |

Wort (n)	woord	[voərt]
Wortverbindung (f)	woordgroep	[voərt·χrup]
Redensart (f)	uitdrukking	[œitdrukkiŋ]
Synonym (n)	sinoniem	[sinonim]
Antonym (n)	antoniem	[antonim]

Regel (f)	reël	[reɛl]
Ausnahme (f)	uitsondering	[œitsondəriŋ]
richtig (Adj)	korrek	[korrek]

Konjugation (f)	vervoeging	[ferfuχiŋ]
Deklination (f)	verbuiging	[ferbœəχiŋ]
Kasus (m)	naamval	[nāmfal]
Frage (f)	vraag	[frāχ]
unterstreichen (vt)	onderstreep	[ondərstreəp]
punktierte Linie (f)	stippellyn	[stippəl·lajn]

98. Fremdsprachen

Sprache (f)	taal	[tāl]
Fremd-	vreemd	[freəmt]
Fremdsprache (f)	vreemde taal	[freəmdə tāl]
studieren (z.B. Jura ~)	studeer	[studeər]
lernen (Englisch ~)	leer	[leər]

lesen (vi, vt)	lees	[leəs]
sprechen (vi, vt)	praat	[prāt]
verstehen (vt)	verstaan	[ferstān]
schreiben (vi, vt)	skryf	[skrajf]

| schnell (Adv) | vinnig | [finnəχ] |
| langsam (Adv) | stadig | [stadəχ] |

fließend (Adv)	vlot	[flot]
Regeln (pl)	reëls	[reɛls]
Grammatik (f)	grammatika	[χrammatika]
Vokabular (n)	woordeskat	[voərdeskat]
Phonetik (f)	fonetika	[fonetika]

Lehrbuch (n)	handboek	[hand·buk]
Wörterbuch (n)	woordeboek	[voərdə·buk]
Selbstlernbuch (n)	selfstudie boek	[sɛlfstudi buk]
Sprachführer (m)	taalgids	[tāl·χids]

Kassette (f)	kasset	[kasset]
Videokassette (f)	videoband	[video·bant]
CD (f)	CD	[se·de]
DVD (f)	DVD	[de·fe·de]

Alphabet (n)	alfabet	[alfabet]
buchstabieren (vt)	spel	[spel]
Aussprache (f)	uitspraak	[œitsprāk]
Akzent (m)	aksent	[aksent]

Wort (n)	woord	[voərt]
Bedeutung (f)	betekenis	[betekənis]

Kurse (pl)	kursus	[kursus]
sich einschreiben	inskryf	[inskrajf]
Lehrer (m)	onderwyser	[ondərwajsər]

Übertragung (f)	vertaling	[fertaliŋ]
Übersetzung (f)	vertaling	[fertaliŋ]
Übersetzer (m)	vertaler	[fertalər]
Dolmetscher (m)	tolk	[tolk]

Polyglott (m, f)	poliglot	[poliχlot]
Gedächtnis (n)	geheue	[χəhøə]

Erholung. Unterhaltung. Reisen

99. Ausflug. Reisen

Tourismus (m)	toerisme	[turismə]
Tourist (m)	toeris	[turis]
Reise (f)	reis	[ræjs]
Abenteuer (n)	avontuur	[afontɪr]
Fahrt (f)	reis	[ræjs]
Urlaub (m)	vakansie	[fakaŋsi]
auf Urlaub sein	met vakansie wees	[met fakaŋsi veəs]
Erholung (f)	rus	[rus]
Zug (m)	trein	[træjn]
mit dem Zug	per trein	[pər træjn]
Flugzeug (n)	vliegtuig	[fliχtœiχ]
mit dem Flugzeug	per vliegtuig	[pər fliχtœiχ]
mit dem Auto	per motor	[pər motor]
mit dem Schiff	per skip	[pər skip]
Gepäck (n)	bagasie	[baχasi]
Koffer (m)	tas	[tas]
Gepäckwagen (m)	bagasiekarretjie	[baχasi·karrəki]
Pass (m)	paspoort	[paspoərt]
Visum (n)	visum	[fisum]
Fahrkarte (f)	kaartjie	[kārki]
Flugticket (n)	lugkaartjie	[luχ·kārki]
Reiseführer (m)	reisgids	[ræjsχids]
Landkarte (f)	kaart	[kārt]
Gegend (f)	gebied	[χebit]
Ort (wunderbarer ~)	plek	[plek]
Exotika (pl)	eksotiese dinge	[ɛksotisə diŋə]
exotisch	eksoties	[ɛksotis]
erstaunlich (Adj)	verbasend	[ferbasent]
Gruppe (f)	groep	[χrup]
Ausflug (m)	uitstappie	[œitstappi]
Reiseleiter (m)	gids	[χids]

100. Hotel

Hotel (n), Gasthaus (n)	hotel	[hotəl]
Motel (n)	motel	[motəl]
drei Sterne	drie-ster	[dri-stər]

fünf Sterne	**vyf-ster**	[fajf-stər]
absteigen (vi)	**oornag**	[oərnaχ]
Hotelzimmer (n)	**kamer**	[kamər]
Einzelzimmer (n)	**enkelkamer**	[ɛnkəl·kamər]
Zweibettzimmer (n)	**dubbelkamer**	[dubbəl·kamər]
Halbpension (f)	**met aandete, bed en ontbyt**	[met āndetə], [bet en ontbajt]
Vollpension (f)	**volle losies**	[follə losis]
mit Bad	**met bad**	[met bat]
mit Dusche	**met stortbad**	[met stort·bat]
Satellitenfernsehen (n)	**satelliet-TV**	[satɛllit-te·fe]
Klimaanlage (f)	**lugversorger**	[luχfersorχər]
Handtuch (n)	**handdoek**	[handduk]
Schlüssel (m)	**sleutel**	[sløetəl]
Verwalter (m)	**bestuurder**	[bestɪrdər]
Zimmermädchen (n)	**kamermeisie**	[kamər·mæjsi]
Träger (m)	**hoteljoggie**	[hotəl·joχi]
Portier (m)	**portier**	[portir]
Restaurant (n)	**restaurant**	[restɔurant]
Bar (f)	**kroeg**	[kruχ]
Frühstück (n)	**ontbyt**	[ontbajt]
Abendessen (n)	**aandete**	[āndetə]
Buffet (n)	**buffetete**	[buffetetə]
Foyer (n)	**voorportaal**	[foər·portāl]
Aufzug (m), Fahrstuhl (m)	**hysbak**	[hajsbak]
BITTE NICHT STÖREN!	**MOENIE STEUR NIE**	[muni støer ni]
RAUCHEN VERBOTEN!	**ROOK VERBODE**	[roek ferbodə]

TECHNISCHES ZUBEHÖR. TRANSPORT

Technisches Zubehör

101. Computer

Computer (m)	rekenaar	[rekənãr]
Laptop (m), Notebook (n)	skootrekenaar	[skoət·rekənãr]
einschalten (vt)	aanskakel	[ãŋskakəl]
abstellen (vt)	afskakel	[afskakəl]
Tastatur (f)	toetsbord	[tuts·bort]
Taste (f)	toets	[tuts]
Maus (f)	muis	[mœis]
Mousepad (n)	muismatjie	[mœis·maki]
Knopf (m)	knop	[knop]
Cursor (m)	loper	[lopər]
Monitor (m)	monitor	[monitor]
Schirm (m)	skerm	[skerm]
Festplatte (f)	harde skyf	[hardə skajf]
Festplattengröße (f)	harde skyf se vermoë	[hardə skajf sə fermoɛ]
Speicher (m)	geheue	[χəhøə]
Arbeitsspeicher (m)	RAM-geheue	[ram-χehøəə]
Datei (f)	lêer	[lɛər]
Ordner (m)	gids	[χids]
öffnen (vt)	oopmaak	[oəpmãk]
schließen (vt)	sluit	[slœit]
speichern (vt)	bewaar	[bevãr]
löschen (vt)	uitvee	[œitfeə]
kopieren (vt)	kopieer	[kopir]
sortieren (vt)	sorteer	[sorteər]
transferieren (vt)	oorplaas	[oərplãs]
Programm (n)	program	[proχram]
Software (f)	sagteware	[saχtevarə]
Programmierer (m)	programmeur	[proχrammøər]
programmieren (vt)	programmeer	[proχrammeər]
Hacker (m)	kuberkraker	[kubər·krakər]
Kennwort (n)	wagwoord	[vaχ·woərt]
Virus (m, n)	virus	[firus]
entdecken (vt)	opspoor	[opspoər]
Byte (n)	greep	[χreəp]

Megabyte (n)	megagreep	[meχaχreəp]
Daten (pl)	data	[data]
Datenbank (f)	databasis	[data·basis]

Kabel (n)	kabel	[kabəl]
trennen (vt)	ontkoppel	[ontkoppəl]
anschließen (vt)	konnekteer	[konnekteər]

102. Internet. E-Mail

Internet (n)	internet	[internet]
Browser (m)	webblaaier	[veb·blājer]
Suchmaschine (f)	soekenjin	[suk·ɛndʒin]
Provider (m)	verskaffer	[ferskaffər]

Webmaster (m)	webmeester	[veb·meestər]
Website (f)	webwerf	[veb·werf]
Webseite (f)	webblad	[veb·blat]

| Adresse (f) | adres | [adres] |
| Adressbuch (n) | adresboek | [adres·buk] |

Mailbox (f)	posbus	[pos·bus]
Post (f)	pos	[pos]
überfüllt (-er Briefkasten)	vol	[fol]

Mitteilung (f)	boodskap	[boədskap]
eingehenden Nachrichten	inkomende boodskappe	[inkomendə boədskappə]
ausgehenden Nachrichten	uitgaande boodskappe	[œitχāndə boədskappə]

Absender (m)	sender	[sendər]
senden (vt)	verstuur	[ferstɪr]
Absendung (f)	versending	[fersendiŋ]

| Empfänger (m) | ontvanger | [ontfaŋər] |
| empfangen (vt) | ontvang | [ontfaŋ] |

| Briefwechsel (m) | korrespondensie | [korrespondɛnsi] |
| im Briefwechsel stehen | korrespondeer | [korrespondeər] |

Datei (f)	lêer	[lɛər]
herunterladen (vt)	aflaai	[aflāi]
schaffen (vt)	skep	[skep]
löschen (vt)	uitvee	[œitfeə]
gelöscht (Datei)	uitgevee	[œitχefeə]

Verbindung (f)	konneksie	[konneksi]
Geschwindigkeit (f)	spoed	[sput]
Modem (n)	modem	[modem]
Zugang (m)	toegang	[tuχaŋ]
Port (m)	portaal	[portāl]

| Anschluss (m) | aansluiting | [ānslœitiŋ] |
| sich anschließen | aansluit by ... | [ānslœit baj ...] |

| auswählen (vt) | kies | [kis] |
| suchen (vt) | soek | [suk] |

103. Elektrizität

Elektrizität (f)	elektrisiteit	[ɛlektrisitæjt]
elektrisch	elektries	[ɛlektris]
Elektrizitätswerk (n)	kragstasie	[kraχ·stasi]
Energie (f)	krag	[kraχ]
Strom (m)	elektriese krag	[ɛlektrisə kraχ]

Glühbirne (f)	gloeilamp	[χlui·lamp]
Taschenlampe (f)	flits	[flits]
Straßenlaterne (f)	straatlig	[strãtləχ]

Licht (n)	lig	[liχ]
einschalten (vt)	aanskakel	[ãŋskakəl]
ausschalten (vt)	afskakel	[afskakəl]
das Licht ausschalten	die lig afskakel	[di liχ afskakəl]

durchbrennen (vi)	doodbrand	[doədbrant]
Kurzschluss (m)	kortsluiting	[kort·slœitiŋ]
Riß (m)	gebreekte kabel	[χebreəktə kabəl]
Kontakt (m)	kontak	[kontak]

Schalter (m)	ligskakelaar	[liχ·skakelãr]
Steckdose (f)	muurprop	[mɪrprop]
Stecker (m)	prop	[prop]
Verlängerung (f)	verlengkabel	[ferleŋ·kabəl]

Sicherung (f)	sekering	[sekəriŋ]
Leitungsdraht (m)	kabel	[kabəl]
Verdrahtung (f)	bedrading	[bedradiŋ]

Ampere (n)	ampère	[ampɛ:r]
Stromstärke (f)	stroomsterkte	[stroəm·sterktə]
Volt (n)	volt	[folt]
Voltspannung (f)	spanning	[spanniŋ]

| Elektrogerät (n) | elektriese toestel | [ɛlektrisə tustəl] |
| Indikator (m) | aanduier | [ãndœiər] |

Elektriker (m)	elektrisiën	[ɛlektrisiɛn]
löten (vt)	soldeer	[soldeər]
Lötkolben (m)	soldeerbout	[soldeər·bæut]
Strom (m)	elektriese stroom	[ɛlektrisə stroəm]

104. Werkzeug

Werkzeug (n)	werktuig	[verktœiχ]
Werkzeuge (pl)	gereedskap	[χereədskap]
Ausrüstung (f)	toerusting	[turustiŋ]

Hammer (m)	hamer	[hamər]
Schraubenzieher (m)	skroewedraaier	[skruvə·drājer]
Axt (f)	byl	[bajl]

Säge (f)	saag	[sãχ]
sägen (vt)	saag	[sãχ]
Hobel (m)	skaaf	[skāf]
hobeln (vt)	skaaf	[skāf]
Lötkolben (m)	soldeerbout	[soldeər·bæʊt]
löten (vt)	soldeer	[soldeər]

Feile (f)	vyl	[fajl]
Kneifzange (f)	knyptang	[knajptaŋ]
Flachzange (f)	tang	[taŋ]
Stemmeisen (n)	beitel	[bæjtəl]

Bohrer (m)	boor	[boər]
Bohrmaschine (f)	elektriese boor	[ɛlektrisə boər]
bohren (vt)	boor	[boər]

Messer (n)	mes	[mes]
Taschenmesser (n)	sakmes	[sakmes]
Klinge (f)	lem	[lem]

scharf (-e Messer usw.)	skerp	[skerp]
stumpf	stomp	[stomp]
stumpf werden (vi)	stomp raak	[stomp rāk]
schärfen (vt)	slyp	[slajp]

Bolzen (m)	bout	[bæʊt]
Mutter (f)	moer	[mur]
Gewinde (n)	draad	[drāt]
Holzschraube (f)	houtskroef	[hæʊt·skruf]

| Nagel (m) | spyker | [spajkər] |
| Nagelkopf (m) | kop | [kop] |

Lineal (n)	meetlat	[meətlat]
Metermaß (n)	meetband	[meət·bant]
Wasserwaage (f)	waterpas	[vatərpas]
Lupe (f)	vergrootglas	[ferχroət·χlas]

Messinstrument (n)	meetinstrument	[meət·instrument]
messen (vt)	meet	[meət]
Skala (f)	skaal	[skāl]
Ablesung (f)	lesings	[lesiŋs]

| Kompressor (m) | kompressor | [komprɛssor] |
| Mikroskop (n) | mikroskoop | [mikroskoəp] |

Pumpe (f)	pomp	[pomp]
Roboter (m)	robot	[robot]
Laser (m)	laser	[lasər]

| Schraubenschlüssel (m) | moersleutel | [mur·sløətəl] |
| Klebeband (n) | plakband | [plak·bant] |

Klebstoff (m)	gom	[χom]
Sandpapier (n)	skuurpapier	[skɪr·papir]
Sprungfeder (f)	veer	[feər]
Magnet (m)	magneet	[maχneət]
Handschuhe (pl)	handskoene	[handskunə]

Leine (f)	tou	[tæʊ]
Schnur (f)	tou	[tæʊ]
Draht (m)	draad	[drāt]
Kabel (n)	kabel	[kabəl]

schwerer Hammer (m)	voorhamer	[foər·hamər]
Brecheisen (n)	breekyster	[breəkajstər]
Leiter (f)	leer	[leər]
Trittleiter (f)	trapleer	[trapleər]

zudrehen (vt)	vasskroef	[fasskruf]
abdrehen (vt)	losskroef	[losskruf]
zusammendrücken (vt)	saampars	[sāmpars]
ankleben (vt)	vasplak	[fasplak]
schneiden (vt)	sny	[snaj]

Störung (f)	fout	[fæʊt]
Reparatur (f)	herstelwerk	[herstəl·werk]
reparieren (vt)	herstel	[herstəl]
einstellen (vt)	stel	[stəl]

prüfen (vt)	nagaan	[naχān]
Prüfung (f)	kontrole	[kontrolə]
Ablesung (f)	lesings	[lesiŋs]

| sicher (zuverlässigen) | betroubaar | [betræʊbār] |
| kompliziert (Adj) | ingewikkelde | [inχewikkɛldə] |

verrosten (vi)	roes	[rus]
rostig	verroes	[ferrus]
Rost (m)	roes	[rus]

Transport

105. Flugzeug

Flugzeug (n)	vliegtuig	[fliχtœiχ]
Flugticket (n)	lugkaartjie	[luχ·kārki]
Fluggesellschaft (f)	lugredery	[luχrederaj]
Flughafen (m)	lughawe	[luχhavə]
Überschall-	supersonies	[supersonis]
Flugkapitän (m)	kaptein	[kaptæjn]
Besatzung (f)	bemanning	[bemanniŋ]
Pilot (m)	piloot	[piloət]
Flugbegleiterin (f)	lugwaardin	[luχ·wārdin]
Steuermann (m)	navigator	[nafiχator]
Flügel (pl)	vlerke	[flerkə]
Schwanz (m)	stert	[stert]
Kabine (f)	stuurkajuit	[stɪr·kajœit]
Motor (m)	enjin	[ɛnʤin]
Fahrgestell (n)	landingstel	[landiŋ·stəl]
Turbine (f)	turbine	[turbinə]
Propeller (m)	skroef	[skruf]
Flugschreiber (m)	swart boks	[swart boks]
Steuerrad (n)	stuurstang	[stɪr·staŋ]
Treibstoff (m)	brandstof	[brantstof]
Sicherheitskarte (f)	veiligheidskaart	[fæjliχæjts·kārt]
Sauerstoffmaske (f)	suurstofmasker	[sɪrstof·maskər]
Uniform (f)	uniform	[uniform]
Rettungsweste (f)	reddingsbaadjie	[rɛddiŋs·bāʤi]
Fallschirm (m)	valskerm	[fal·skerm]
Abflug, Start (m)	opstyging	[opstajχiŋ]
starten (vi)	opstyg	[opstajχ]
Startbahn (f)	landingsbaan	[landiŋs·bān]
Sicht (f)	uitsig	[œitsəχ]
Flug (m)	vlug	[fluχ]
Höhe (f)	hoogte	[hoəχtə]
Luftloch (n)	lugsak	[luχsak]
Platz (m)	sitplek	[sitplek]
Kopfhörer (m)	koptelefoon	[kop·telefoən]
Klapptisch (m)	voutafeltjie	[fæu·tafɛlki]
Bullauge (n)	vliegtuigvenster	[fliχtœiχ·fɛnstər]
Durchgang (m)	paadjie	[pāʤi]

106. Zug

Zug (m)	trein	[træjn]
elektrischer Zug (m)	voorstedelike trein	[foərstedelikə træjn]
Schnellzug (m)	sneltrein	[snɛl·træjn]
Diesellok (f)	diesellokomotief	[disəl·lokomotif]
Dampflok (f)	stoomlokomotief	[stoəm·lokomotif]

Personenwagen (m)	passasierswa	[passasirs·wa]
Speisewagen (m)	eetwa	[eət·wa]

Schienen (pl)	spoorstawe	[spoər·stavə]
Eisenbahn (f)	spoorweg	[spoər·wex]
Bahnschwelle (f)	dwarslêer	[dwarslɛər]

Bahnsteig (m)	perron	[perron]
Gleis (n)	spoor	[spoər]
Eisenbahnsignal (n)	semafoor	[semafoər]
Station (f)	stasie	[stasi]

Lokomotivführer (m)	treindrywer	[træjn·drajvər]
Träger (m)	portier	[portir]
Schaffner (m)	kondukteur	[konduktøər]
Fahrgast (m)	passasier	[passasir]
Fahrkartenkontrolleur (m)	kondukteur	[konduktøər]

Flur (m)	gang	[χaŋ]
Notbremse (f)	noodrem	[noədrem]

Abteil (n)	kompartiment	[kompartiment]
Liegeplatz (m), Schlafkoje (f)	bed	[bet]
oberer Liegeplatz (m)	boonste bed	[boənstə bet]
unterer Liegeplatz (m)	onderste bed	[ondərstə bet]
Bettwäsche (f)	beddegoed	[beddə·χut]

Fahrkarte (f)	kaartjie	[kãrki]
Fahrplan (m)	diensrooster	[diŋs·roəstər]
Anzeigetafel (f)	informasiebord	[informasi·bort]

abfahren (der Zug)	vertrek	[fertrek]
Abfahrt (f)	vertrek	[fertrek]
ankommen (der Zug)	aankom	[ãnkom]
Ankunft (f)	aankoms	[ãnkoms]

mit dem Zug kommen	aankom per trein	[ãnkom pər træjn]
in den Zug einsteigen	in die trein klim	[in di træjn klim]
aus dem Zug aussteigen	uit die trein klim	[œit di træjn klim]

Zugunglück (n)	treinbotsing	[træjn·botsiŋ]
entgleisen (vi)	ontspoor	[ontspoər]

Dampflok (f)	stoomlokomotief	[stoəm·lokomotief]
Heizer (m)	stoker	[stokər]
Feuerbüchse (f)	stookplek	[stoəkplek]
Kohle (f)	steenkool	[steən·koəl]

107. Schiff

| Schiff (n) | skip | [skip] |
| Fahrzeug (n) | vaartuig | [fārtœiχ] |

Dampfer (m)	stoomboot	[stoəm·boət]
Motorschiff (n)	rivierboot	[rifir·boət]
Kreuzfahrtschiff (n)	toerskip	[tur·skip]
Kreuzer (m)	kruiser	[krœisər]

Jacht (f)	jag	[jaχ]
Schlepper (m)	sleepboot	[sleəp·boət]
Lastkahn (m)	vragskuit	[fraχ·skœit]
Fähre (f)	veerboot	[feər·boət]

| Segelschiff (n) | seilskip | [sæjl·skip] |
| Brigantine (f) | skoenerbrik | [skunər·brik] |

| Eisbrecher (m) | ysbreker | [ajs·brekər] |
| U-Boot (n) | duikboot | [dœik·boət] |

Boot (n)	roeiboot	[ruiboət]
Dingi (n), Beiboot (n)	bootjie	[boəki]
Rettungsboot (n)	reddingsboot	[rɛddiŋs·boət]
Motorboot (n)	motorboot	[motor·boət]

Kapitän (m)	kaptein	[kaptæjn]
Matrose (m)	seeman	[seəman]
Seemann (m)	matroos	[matroəs]
Besatzung (f)	bemanning	[bemanniŋ]

Bootsmann (m)	bootsman	[boətsman]
Schiffsjunge (m)	skeepsjonge	[skeəps·joŋə]
Schiffskoch (m)	kok	[kok]
Schiffsarzt (m)	skeepsdokter	[skeəps·doktər]

Deck (n)	dek	[dek]
Mast (m)	mas	[mas]
Segel (n)	seil	[sæjl]

Schiffsraum (m)	skeepsruim	[skeəps·rœim]
Bug (m)	boeg	[buχ]
Heck (n)	agterstewe	[aχtərstevə]
Ruder (n)	roeispaan	[ruis·pān]
Schraube (f)	skroef	[skruf]

Kajüte (f)	kajuit	[kajœit]
Messe (f)	offisierskajuit	[offisirs·kajœit]
Maschinenraum (m)	enjinkamer	[ɛnʤin·kamər]
Kommandobrücke (f)	brug	[bruχ]
Funkraum (m)	radiokamer	[radio·kamər]
Radiowelle (f)	golf	[χolf]
Schiffstagebuch (n)	logboek	[loχbuk]
Fernrohr (n)	verkyker	[ferkajkər]
Glocke (f)	bel	[bəl]

Fahne (f)	vlag	[flaχ]
Seil (n)	kabel	[kabəl]
Knoten (m)	knoop	[knoəp]

| Geländer (n) | dekleuning | [dek·løənin] |
| Treppe (f) | gangplank | [χaŋ·plank] |

Anker (m)	anker	[ankər]
den Anker lichten	anker lig	[ankər ləχ]
Anker werfen	anker uitgooi	[ankər œitχoj]
Ankerkette (f)	ankerketting	[ankər·kɛttin]

Hafen (m)	hawe	[havə]
Anlegestelle (f)	kaai	[kāi]
anlegen (vi)	vasmeer	[fasmeər]
abstoßen (vt)	vertrek	[fertrek]

Reise (f)	reis	[ræjs]
Kreuzfahrt (f)	cruise	[kru:s]
Kurs (m), Richtung (f)	koers	[kurs]
Reiseroute (f)	roete	[rutə]

Fahrwasser (n)	vaarwater	[fār·vatər]
Untiefe (f)	sandbank	[sand·bank]
stranden (vi)	strand	[strant]

Sturm (m)	storm	[storm]
Signal (n)	sienjaal	[sinjāl]
untergehen (vi)	sink	[sink]
Mann über Bord!	Man oorboord!	[man oərboərd!]
SOS	SOS	[sos]
Rettungsring (m)	reddingsboei	[rɛddiŋs·bui]

108. Flughafen

Flughafen (m)	lughawe	[luχhavə]
Flugzeug (n)	vliegtuig	[fliχtœiχ]
Fluggesellschaft (f)	lugredery	[luχrederaj]
Fluglotse (m)	lugverkeersleier	[luχ·ferkeərs·læjer]

Abflug (m)	vertrek	[fertrek]
Ankunft (f)	aankoms	[ānkoms]
anfliegen (vi)	aankom	[ānkom]

| Abflugzeit (f) | vertrektyd | [fertrək·tajt] |
| Ankunftszeit (f) | aankomstyd | [ānkoms·tajt] |

| sich verspäten | vertraag wees | [fertrāχ veəs] |
| Abflugverspätung (f) | vlugvertraging | [fluχ·fertraχin] |

Anzeigetafel (f)	informasiebord	[informasi·bort]
Information (f)	informasie	[informasi]
ankündigen (vt)	aankondig	[ānkondəχ]
Flug (m)	vlug	[fluχ]

| Zollamt (n) | doeane | [duanə] |
| Zollbeamter (m) | doeanebeampte | [duanə·beamptə] |

Zolldeklaration (f)	doeaneverklaring	[duanə·ferklariŋ]
ausfüllen (vt)	invul	[inful]
Passkontrolle (f)	paspoortkontrole	[paspoərt·kontrolə]

Gepäck (n)	bagasie	[baχasi]
Handgepäck (n)	handbagasie	[hand·baχasi]
Kofferkuli (m)	bagasiekarretjie	[baχasi·karrəki]

Landung (f)	landing	[landiŋ]
Landebahn (f)	landingsbaan	[landiŋs·bān]
landen (vi)	land	[lant]
Fluggasttreppe (f)	vliegtuigtrap	[fliχtœiχ·trap]

Check-in (n)	na die vertrektoonbank	[na di fertrək·toənbank]
Check-in-Schalter (m)	vertrektoonbank	[fertrək·toənbank]
sich registrieren lassen	na die vertrektoonbank gaan	[na di fertrək·toənbank χān]
Bordkarte (f)	instapkaart	[instap·kārt]
Abfluggate (n)	vertrekuitgang	[fertrek·œitχaŋ]

Transit (m)	transito	[traŋsito]
warten (vi)	wag	[vaχ]
Wartesaal (m)	vertreksaal	[fertrək·sāl]
begleiten (vt)	afsien	[afsin]
sich verabschieden	afskeid neem	[afskæjt neəm]

Lebensereignisse

109. Feiertage. Ereignis

Fest (n)	partytjie	[partajki]
Nationalfeiertag (m)	nasionale dag	[naʃionalə daχ]
Feiertag (m)	openbare vakansiedag	[openbarə fakaŋsi·daχ]
feiern (vt)	herdenk	[herdenk]
Ereignis (n)	gebeurtenis	[χebøørtenis]
Veranstaltung (f)	gebeurtenis	[χebøørtenis]
Bankett (n)	banket	[banket]
Empfang (m)	onthaal	[onthāl]
Festmahl (n)	feesmaal	[fees·māl]
Jahrestag (m)	verjaardag	[ferjār·daχ]
Jubiläumsfeier (f)	jubileum	[jubiløəm]
begehen (vt)	vier	[fir]
Neujahr (n)	Nuwejaar	[nuvejār]
Frohes Neues Jahr!	Voorspoedige Nuwejaar	[foərspudiχə nuvejār]
Weihnachtsmann (m)	Kersvader	[kers·fadər]
Weihnachten (n)	Kersfees	[kersfees]
Frohe Weihnachten!	Geseënde Kersfees	[χeseɛndə kersfeɛs]
Tannenbaum (m)	Kersboom	[kers·boəm]
Feuerwerk (n)	vuurwerk	[fɪrwerk]
Hochzeit (f)	bruilof	[brœilof]
Bräutigam (m)	bruidegom	[brœidəχom]
Braut (f)	bruid	[brœit]
einladen (vt)	uitnooi	[œitnoj]
Einladung (f)	uitnodiging	[œitnodəχiŋ]
Gast (m)	gas	[χas]
besuchen (vt)	besoek	[besuk]
Gäste empfangen	die gaste ontmoet	[di χastə ontmut]
Geschenk (n)	present	[present]
schenken (vt)	gee	[χeə]
Geschenke bekommen	presente ontvang	[presentə ontfaŋ]
Blumenstrauß (m)	boeket	[buket]
Glückwunsch (m)	gelukwense	[χelukwɛŋsə]
gratulieren (vi)	gelukwens	[χelukwɛŋs]
Glückwunschkarte (f)	geleentheidskaartjie	[χeleenthæjts·kārki]
Trinkspruch (m)	heildronk	[hæjldronk]
anbieten (vt)	aanbied	[ānbit]

Champagner (m)	sjampanje	[ʃampanje]
sich amüsieren	jouself geniet	[jæʊsɛlf χenit]
Fröhlichkeit (f)	pret	[pret]
Freude (f)	vreugde	[frøǝχdǝ]

| Tanz (m) | dans | [daŋs] |
| tanzen (vi, vt) | dans | [daŋs] |

| Walzer (m) | wals | [vals] |
| Tango (m) | tango | [tanχo] |

110. Bestattungen. Begräbnis

Friedhof (m)	begraafplaas	[beχrāf·plās]
Grab (n)	graf	[χraf]
Kreuz (n)	kruis	[krœis]
Grabstein (m)	grafsteen	[χrafsteen]
Zaun (m)	heining	[hæjniŋ]
Kapelle (f)	kapel	[kapǝl]

Tod (m)	dood	[doǝt]
sterben (vi)	doodgaan	[doǝdχān]
Verstorbene (m)	oorledene	[oǝrledenǝ]
Trauer (f)	rou	[ræʊ]

begraben (vt)	begrawe	[beχravǝ]
Bestattungsinstitut (n)	begrafnisonderneming	[beχrafnis·ondǝrnemiŋ]
Begräbnis (n)	begrafnis	[beχrafnis]

Kranz (m)	krans	[kraŋs]
Sarg (m)	doodskis	[doǝdskis]
Katafalk (m)	lykswa	[lajks·wa]
Totenhemd (n)	lykkleed	[lajk·kleǝt]

Trauerzug (m)	begrafnisstoet	[beχrafnis·stut]
Urne (f)	urn	[urn]
Krematorium (n)	krematorium	[krematorium]

Nachruf (m)	doodsberig	[doǝds·berǝχ]
weinen (vi)	huil	[hœil]
schluchzen (vi)	snik	[snik]

111. Krieg. Soldaten

Zug (m)	peleton	[peleton]
Kompanie (f)	kompanie	[kompani]
Regiment (n)	regiment	[reχiment]
Armee (f)	leër	[leɛr]
Division (f)	divisie	[difisi]

| Abteilung (f) | afdeling | [afdeliŋ] |
| Heer (n) | leërskare | [leɛrskarǝ] |

| Soldat (m) | soldaat | [soldãt] |
| Offizier (m) | offisier | [offisir] |

Soldat (m)	soldaat	[soldãt]
Feldwebel (m)	sersant	[sersant]
Leutnant (m)	luitenant	[lœitənant]
Hauptmann (m)	kaptein	[kaptæjn]
Major (m)	majoor	[majoər]
Oberst (m)	kolonel	[kolonəl]
General (m)	generaal	[χenerãl]

Matrose (m)	matroos	[matroəs]
Kapitän (m)	kaptein	[kaptæjn]
Bootsmann (m)	bootsman	[boətsman]

Artillerist (m)	artilleris	[artilleris]
Fallschirmjäger (m)	valskermsoldaat	[falskerm·soldãt]
Pilot (m)	piloot	[piloət]
Steuermann (m)	navigator	[nafiχator]
Mechaniker (m)	werktuigkundige	[verktœiχ·kundiχə]

Pionier (m)	sappeur	[sappøər]
Fallschirmspringer (m)	valskermspringer	[falskerm·sprinjər]
Aufklärer (m)	verkenner	[ferkɛnnər]
Scharfschütze (m)	skerpskut	[skerp·skut]

Patrouille (f)	patrollie	[patrolli]
patrouillieren (vi)	patrolleer	[patrolleər]
Wache (f)	wag	[vaχ]

Krieger (m)	vegter	[feχtər]
Patriot (m)	patriot	[patriot]
Held (m)	held	[hɛlt]
Heldin (f)	heldin	[hɛldin]

| Verräter (m) | verraaier | [ferrãjer] |
| verraten (vt) | verraai | [ferrãi] |

| Deserteur (m) | droster | [drostər] |
| desertieren (vi) | dros | [dros] |

Söldner (m)	huursoldaat	[hɪr·soldãt]
Rekrut (m)	rekruteer	[rekruteər]
Freiwillige (m)	vrywilliger	[frajvilliχər]

Getoetete (m)	dooie	[dojə]
Verwundete (m)	gewonde	[χevondə]
Kriegsgefangene (m)	krygsgevangene	[krajχs·χefaŋənə]

112. Krieg. Militärische Aktionen. Teil 1

Krieg (m)	oorlog	[oərloχ]
Krieg führen	oorlog voer	[oərloχ fur]
Bürgerkrieg (m)	burgeroorlog	[burgər·oərloχ]

heimtückisch (Adv)	valslik	[falslik]
Kriegserklärung (f)	oorlogsverklaring	[oərloχs·ferklariŋ]
erklären (den Krieg ~)	oorlog verklaar	[oərloχ ferklār]
Aggression (f)	aggressie	[aχrɛssi]
einfallen (Staat usw.)	aanval	[ānfal]

einfallen (in ein Land ~)	binneval	[binnəfal]
Invasoren (pl)	binnevaller	[binnəfallər]
Eroberer (m), Sieger (m)	veroweraar	[feroverār]

Verteidigung (f)	verdediging	[ferdedəχiŋ]
verteidigen (vt)	verdedig	[ferdedəχ]
sich verteidigen	jouself verdedig	[jæʊsɛlf ferdedəχ]

Feind (m)	vyand	[fajant]
Gegner (m)	teëstander	[teɛstandər]
Feind-	vyandig	[fajandəχ]

Strategie (f)	strategie	[strateχi]
Taktik (f)	taktiek	[taktik]

Befehl (m)	bevel	[befəl]
Anordnung (f)	bevel	[befəl]
befehlen (vt)	beveel	[befeəl]
Auftrag (m)	opdrag	[opdraχ]
geheim (Adj)	geheim	[χəhæejm]

Gefecht (n)	slag	[slaχ]
Schlacht (f)	veldslag	[fɛltslaχ]
Kampf (m)	geveg	[χefeχ]

Angriff (m)	aanval	[ānfal]
Sturm (m)	bestorming	[bestormiŋ]
stürmen (vt)	bestorm	[bestorm]
Belagerung (f)	beleg	[beleχ]

Angriff (m)	aanval	[ānfal]
angreifen (vt)	tot die offensief oorgaan	[tot di offɛŋsif oərχān]

Rückzug (m)	terugtrekking	[teruχ·trɛkkiŋ]
sich zurückziehen	terugtrek	[teruχtrek]

Einkesselung (f)	omsingeling	[omsinχəliŋ]
einkesseln (vt)	omsingel	[omsiŋəl]

Bombenangriff (m)	bombardement	[bombardement]
bombardieren (vt)	bombardeer	[bombardeər]
Explosion (f)	ontploffing	[ontploffiŋ]

Schuss (m)	skoot	[skoət]
Schießerei (f)	skiet	[skit]

zielen auf ...	mik op	[mik op]
richten (die Waffe)	rig	[riχ]
treffen (ins Schwarze ~)	tref	[tref]
versenken (vt)	sink	[sink]

| Loch (im Schiffsrumpf) | gat | [χat] |
| versinken (Schiff) | sink | [sink] |

Front (f)	front	[front]
Evakuierung (f)	evakuasie	[ɛfakuasi]
evakuieren (vt)	evakueer	[ɛfakueər]

Schützengraben (m)	loopgraaf	[loəpχrãf]
Stacheldraht (m)	doringdraad	[doriŋ·drãt]
Sperre (z.B. Panzersperre)	versperring	[fersperriŋ]
Wachtturm (m)	wagtoring	[vaχ·toriŋ]

Lazarett (n)	militêre hospitaal	[militærə hospitãl]
verwunden (vt)	wond	[vont]
Wunde (f)	wond	[vont]
Verwundete (m)	gewonde	[χevondə]
verletzt sein	gewond	[χevont]
schwer (-e Verletzung)	ernstig	[ɛrnstəχ]

113. Krieg. Militärische Aktionen. Teil 2

Gefangenschaft (f)	gevangenskap	[χefaŋənskap]
gefangen nehmen (vt)	gevange neem	[χefaŋə neəm]
in Gefangenschaft sein	in gevangenskap wees	[in χefaŋənskap veəs]
in Gefangenschaft geraten	in gevangenskap geneem word	[in χefaŋənskap χeneəm vort]

Konzentrationslager (n)	konsentrasiekamp	[koŋsentrasi·kamp]
Kriegsgefangene (m)	krygsgevangene	[krajχs·χefaŋənə]
fliehen (vi)	ontsnap	[ontsnap]

verraten (vt)	verraai	[ferrãi]
Verräter (m)	verraaier	[ferrãjer]
Verrat (m)	verraad	[ferrãt]

| erschießen (vt) | eksekuteer | [ɛksekuteər] |
| Erschießung (f) | eksekusie | [ɛksekusi] |

Ausrüstung (persönliche ~)	toerusting	[turustiŋ]
Schulterstück (n)	skouerstrook	[skæʊer·stroək]
Gasmaske (f)	gasmasker	[χas·maskər]

Funkgerät (n)	veldradio	[fɛlt·radio]
Chiffre (f)	geheime kode	[χəhæjmə kodə]
Geheimhaltung (f)	geheimhouding	[χəhæjm·hæʊdiŋ]
Kennwort (n)	wagwoord	[vaχ·woərt]

Mine (f)	landmyn	[land·majn]
Minen legen	bemyn	[bemajn]
Minenfeld (n)	mynveld	[majn·fɛlt]

Luftalarm (m)	lugalarm	[luχ·alarm]
Alarm (m)	alarm	[alarm]
Signal (n)	sienjaal	[sinjãl]

Signalrakete (f)	fakkel	[fakkel]
Hauptquartier (n)	hoofkwartier	[hoəf·kwartir]
Aufklärung (f)	verkenningstog	[ferkɛnniŋs·toχ]
Lage (f)	toestand	[tustant]
Bericht (m)	verslag	[ferslaχ]
Hinterhalt (m)	hinderlaag	[hindər·lãχ]
Verstärkung (f)	versterking	[ferstərkiŋ]

Zielscheibe (f)	doel	[dul]
Schießplatz (m)	proefterrein	[pruf·terræjn]
Manöver (n)	militêre oefening	[militærə ufeniŋ]

Panik (f)	paniek	[panik]
Verwüstung (f)	verwoesting	[ferwustiŋ]
Trümmer (pl)	verwoesting	[ferwustiŋ]
zerstören (vt)	verwoes	[ferwus]

überleben (vi)	oorleef	[oərleəf]
entwaffnen (vt)	ontwapen	[ontvapen]
handhaben (vt)	hanteer	[hanteər]

| Stillgestanden! | Aandag! | [ãndaχ!] |
| Rühren! | Op die plek rus! | [op di plek rus!] |

Heldentat (f)	heldedaad	[hɛldə·dãt]
Eid (m), Schwur (m)	eed	[eət]
schwören (vi, vt)	sweer	[sweər]

Lohn (Orden, Medaille)	dekorasie	[dekorasiə]
auszeichnen (mit Orden)	toeken	[tuken]
Medaille (f)	medalje	[medaljə]
Orden (m)	orde	[ordə]

Sieg (m)	oorwinning	[oərwinniŋ]
Niederlage (f)	nederlaag	[nedərlãχ]
Waffenstillstand (m)	wapenstilstand	[vapɛn·stilstant]

Fahne (f)	vaandel	[fãndəl]
Ruhm (m)	roem	[rum]
Parade (f)	parade	[paradə]
marschieren (vi)	marseer	[marseər]

114. Waffen

Waffe (f)	wapens	[vapɛns]
Schusswaffe (f)	vuurwapens	[fɪr·vapɛns]
blanke Waffe (f)	messe	[mɛssə]

chemischen Waffen (pl)	chemiese wapens	[χemisə vapɛns]
Kern-, Atom-	kern-	[kern-]
Kernwaffe (f)	kernwapens	[kern·vapɛns]

| Bombe (f) | bom | [bom] |
| Atombombe (f) | atoombom | [atoəm·bom] |

Pistole (f)	pistool	[pistoəl]
Gewehr (n)	geweer	[χeveər]
Maschinenpistole (f)	aanvalsgeweer	[ānvals·χeveər]
Maschinengewehr (n)	masjiengeweer	[maʃin·χeveər]

Mündung (f)	loop	[loəp]
Lauf (Gewehr-)	loop	[loəp]
Kaliber (n)	kaliber	[kalibər]

Abzug (m)	sneller	[snɛllər]
Visier (n)	visier	[fisir]
Magazin (n)	magasyn	[maχasajn]
Kolben (m)	kolf	[kolf]

Handgranate (f)	handgranaat	[hand·χranāt]
Sprengstoff (m)	springstof	[spriŋstof]

Kugel (f)	koeël	[kuɛl]
Patrone (f)	patroon	[patroən]
Ladung (f)	lading	[ladiŋ]
Munition (f)	ammunisie	[ammunisi]

Bomber (m)	bomwerper	[bom·werpər]
Kampfflugzeug (n)	straalvegter	[strāl·feχtər]
Hubschrauber (m)	helikopter	[helikoptər]

Flugabwehrkanone (f)	lugafweer	[luχafweər]
Panzer (m)	tenk	[tɛnk]
Panzerkanone (f)	tenkkanon	[tɛnk·kanon]

Artillerie (f)	artillerie	[artilleri]
Kanone (f)	kanon	[kanon]
richten (die Waffe)	aanlê	[ānlɛ:]

Geschoß (n)	projektiel	[projektil]
Wurfgranate (f)	mortierbom	[mortir·bom]
Granatwerfer (m)	mortier	[mortir]
Splitter (m)	skrapnel	[skrapnəl]

U-Boot (n)	duikboot	[dœik·boət]
Torpedo (m)	torpedo	[torpedo]
Rakete (f)	vuurpyl	[fɪr·pajl]

laden (Gewehr)	laai	[lāi]
schießen (vi)	skiet	[skit]

zielen auf ...	rig op	[riχ op]
Bajonett (n)	bajonet	[bajonet]

Degen (m)	rapier	[rapir]
Säbel (m)	sabel	[sabəl]
Speer (m)	spies	[spis]
Bogen (m)	boog	[boəχ]
Pfeil (m)	pyl	[pajl]
Muskete (f)	musket	[musket]
Armbrust (f)	kruisboog	[krœis·boəχ]

115. Menschen der Antike

vorzeitlich	primitief	[primitif]
prähistorisch	prehistories	[prehistoris]
alt (antik)	antiek	[antik]
Steinzeit (f)	Steentydperk	[steen·tajtperk]
Bronzezeit (f)	Bronstydperk	[brɔŋs·tajtperk]
Eiszeit (f)	Ystydperk	[ajs·tajtperk]
Stamm (m)	stam	[stam]
Kannibale (m)	mensvreter	[mɛŋs·fretər]
Jäger (m)	jagter	[jaχtər]
jagen (vi)	jag	[jaχ]
Mammut (n)	mammoet	[mammut]
Höhle (f)	grot	[χrot]
Feuer (n)	vuur	[fɪr]
Lagerfeuer (n)	kampvuur	[kampfɪr]
Höhlenmalerei (f)	rotstekening	[rots·tekəniŋ]
Werkzeug (n)	werktuig	[verktœiχ]
Speer (m)	spies	[spis]
Steinbeil (n), Steinaxt (f)	klipbyl	[klip·bajl]
Krieg führen	oorlog voer	[oərloχ fur]
domestizieren (vt)	tem	[tem]
Idol (n)	afgod	[afχot]
anbeten (vt)	aanbid	[ānbit]
Aberglaube (m)	bygeloof	[bajχəloəf]
Brauch (m), Ritus (m)	ritueel	[ritueəl]
Evolution (f)	evolusie	[ɛfolusi]
Entwicklung (f)	ontwikkeling	[ontwikkeliŋ]
Verschwinden (n)	verdwyning	[ferdwajniŋ]
sich anpassen	jou aanpas	[jæʊ ānpas]
Archäologie (f)	argeologie	[arχeoloχi]
Archäologe (m)	argeoloog	[arχeoloəχ]
archäologisch	argeologies	[arχeoloχis]
Ausgrabungsstätte (f)	opgrawingsplek	[opχraviŋs·plek]
Ausgrabungen (pl)	opgrawingsplekke	[opχraviŋs·plɛkkə]
Fund (m)	vonds	[fonds]
Fragment (n)	fragment	[fraχment]

116. Mittelalter

Volk (n)	volk	[folk]
Völker (pl)	bevolking	[befolkiŋ]
Stamm (m)	stam	[stam]
Stämme (pl)	stamme	[stammə]
Barbaren (pl)	barbare	[barbarə]

Gallier (pl)	**Galliërs**	[ɣalliɛrs]
Goten (pl)	**Gote**	[ɣote]
Slawen (pl)	**Slawe**	[slavə]
Wikinger (pl)	**Vikings**	[vikiŋs]
Römer (pl)	**Romeine**	[romæjnə]
römisch	**Romeins**	[romæjns]
Byzantiner (pl)	**Bisantyne**	[bisantajnə]
Byzanz (n)	**Bisantium**	[bisantium]
byzantinisch	**Bisantyns**	[bisantajns]
Kaiser (m)	**keiser**	[kæjsər]
Häuptling (m)	**leier**	[læjer]
mächtig (Kaiser usw.)	**magtig**	[maχtəχ]
König (m)	**koning**	[koniŋ]
Herrscher (Monarch)	**heerser**	[heərsər]
Ritter (m)	**ridder**	[riddər]
Feudalherr (m)	**feodale heerser**	[feodalə heərsər]
feudal, Feudal-	**feodaal**	[feodāl]
Vasall (m)	**vasal**	[fasal]
Herzog (m)	**hertog**	[hertoχ]
Graf (m)	**graaf**	[χrāf]
Baron (m)	**baron**	[baron]
Bischof (m)	**biskop**	[biskop]
Rüstung (f)	**harnas**	[harnas]
Schild (m)	**skild**	[skilt]
Schwert (n)	**swaard**	[swārt]
Visier (n)	**visier**	[fisir]
Panzerhemd (n)	**maliehemp**	[mali·hemp]
Kreuzzug (m)	**Kruistog**	[krœis·toχ]
Kreuzritter (m)	**kruisvaarder**	[krœis·fārdər]
Territorium (n)	**gebied**	[χebit]
einfallen (vt)	**aanval**	[ānfal]
erobern (vt)	**verower**	[ferovər]
besetzen (Land usw.)	**beset**	[beset]
Belagerung (f)	**beleg**	[beleχ]
belagert	**beleërde**	[beleɛrdə]
belagern (vt)	**beleër**	[beleɛr]
Inquisition (f)	**inkwisisie**	[inkvisisi]
Inquisitor (m)	**inkwisiteur**	[inkvisitøər]
Folter (f)	**marteling**	[martəliŋ]
grausam (-e Folter)	**wreed**	[vreət]
Häretiker (m)	**ketter**	[kɛttər]
Häresie (f)	**kettery**	[kɛtteraj]
Seefahrt (f)	**seevaart**	[see·fārt]
Seeräuber (m)	**piraat, seerower**	[pirāt], [see·rovər]
Seeräuberei (f)	**piratery, seerowery**	[pirateraj], [see·roveraj]

Enterung (f)	enter	[ɛntər]
Beute (f)	buit	[bœit]
Schätze (pl)	skatte	[skattə]

Entdeckung (f)	ontdekking	[ontdɛkkiŋ]
entdecken (vt)	ontdek	[ontdek]
Expedition (f)	ekspedisie	[ɛkspedisi]

Musketier (m)	musketier	[musketir]
Kardinal (m)	kardinaal	[kardināl]
Heraldik (f)	heraldiek	[heraldik]
heraldisch	heraldies	[heraldis]

117. Führungspersonen. Chef. Behörden

König (m)	koning	[koniŋ]
Königin (f)	koningin	[koniŋin]
königlich	koninklik	[koninklik]
Königreich (n)	koninkryk	[koninkrajk]

| Prinz (m) | prins | [prins] |
| Prinzessin (f) | prinses | [prinsəs] |

Präsident (m)	president	[president]
Vizepräsident (m)	vise-president	[fise-president]
Senator (m)	senator	[senator]

Monarch (m)	monarg	[monarχ]
Herrscher (m)	heerser	[heersər]
Diktator (m)	diktator	[diktator]
Tyrann (m)	tiran	[tiran]
Magnat (m)	magnaat	[maχnāt]

Direktor (m)	direkteur	[direktøər]
Chef (m)	baas	[bās]
Leiter (einer Abteilung)	bestuurder	[bestɪrdər]
Boss (m)	baas	[bās]
Eigentümer (m)	eienaar	[æjenār]

Führer (m)	leier	[læjer]
Leiter (Delegations-)	hoof	[hoəf]
Behörden (pl)	outoriteite	[æutoritæjtə]
Vorgesetzten (pl)	hoofde	[hoəfdə]

Gouverneur (m)	goewerneur	[χuvernøər]
Konsul (m)	konsul	[koŋsul]
Diplomat (m)	diplomaat	[diplomāt]
Bürgermeister (m)	burgermeester	[burgər·meəstər]
Sheriff (m)	sheriff	[sheriff]

Kaiser (m)	keiser	[kæjsər]
Zar (m)	tsaar	[tsār]
Pharao (m)	farao	[farao]
Khan (m)	kan	[kan]

118. Gesetzesverstoß Verbrecher. Teil 1

Bandit (m)	bandiet	[bandit]
Verbrechen (n)	misdaad	[misdãt]
Verbrecher (m)	misdadiger	[misdadiχər]
Dieb (m)	dief	[dif]
stehlen (vt)	steel	[steəl]
Diebstahl (Aktivität)	steel	[steəl]
Stehlen (n)	diefstal	[difstal]
kidnappen (vt)	ontvoer	[ontfur]
Kidnapping (n)	ontvoering	[ontfuriŋ]
Kidnapper (m)	ontvoerder	[ontfurdər]
Lösegeld (n)	losgeld	[losχɛlt]
Lösegeld verlangen	losgeld eis	[losχɛlt æjs]
rauben (vt)	besteel	[besteəl]
Raub (m)	oorval	[oərfal]
Räuber (m)	boef	[buf]
erpressen (vt)	afpers	[afpers]
Erpresser (m)	afperser	[afpersər]
Erpressung (f)	afpersing	[afpersiŋ]
morden (vt)	vermoor	[fermoər]
Mord (m)	moord	[moərt]
Mörder (m)	moordenaar	[moərdenãr]
Schuss (m)	skoot	[skoət]
erschießen (vt)	doodskiet	[doədskit]
feuern (vi)	skiet	[skit]
Schießerei (f)	skietery	[skiteraj]
Vorfall (m)	insident	[insident]
Schlägerei (f)	geveg	[χefeχ]
Hilfe!	Help!	[hɛlp!]
Opfer (n)	slagoffer	[slaχoffər]
beschädigen (vt)	beskadig	[beskadəχ]
Schaden (m)	skade	[skadə]
Leiche (f)	lyk	[lajk]
schwer (-es Verbrechen)	ernstig	[ɛrnstəχ]
angreifen (vt)	aanval	[ãnfal]
schlagen (vt)	slaan	[slãn]
verprügeln (vt)	platslaan	[platslãn]
wegnehmen (vt)	vat	[fat]
erstechen (vt)	doodsteek	[doədsteək]
verstümmeln (vt)	vermink	[fermink]
verwunden (vt)	wond	[vont]
Erpressung (f)	afpersing	[afpersiŋ]
erpressen (vt)	afpers	[afpers]

Erpresser (m)	afperser	[afpersər]
Schutzgelderpressung (f)	beskermingswendelary	[beskermiŋ·swendəlaraj]
Erpresser (Racketeer)	afperser	[afpersər]
Gangster (m)	boef	[buf]
Mafia (f)	mafia	[mafia]

Taschendieb (m)	sakkeroller	[sakkerollər]
Einbrecher (m)	inbreker	[inbrekər]
Schmuggel (m)	smokkel	[smokkəl]
Schmuggler (m)	smokkelaar	[smokkəlār]

Fälschung (f)	vervalsing	[ferfalsiŋ]
fälschen (vt)	verval	[ferfal]
gefälscht	vals	[fals]

119. Gesetzesbruch. Verbrecher. Teil 2

Vergewaltigung (f)	verkragting	[ferkraχtiŋ]
vergewaltigen (vt)	verkrag	[ferkraχ]
Gewalttäter (m)	verkragter	[ferkraχtər]
Besessene (m)	maniak	[maniak]

Prostituierte (f)	prostituut	[prostitʏt]
Prostitution (f)	prostitusie	[prostitusi]
Zuhälter (m)	pooier	[pojer]

Drogenabhängiger (m)	dwelmslaaf	[dwɛlm·slāf]
Drogenhändler (m)	dwelmhandelaar	[dwɛlm·handəlār]

sprengen (vt)	opblaas	[opblās]
Explosion (f)	ontploffing	[ontploffiŋ]
in Brand stecken	aan die brand steek	[ān di brant steek]
Brandstifter (m)	brandstigter	[brant·stiχtər]

Terrorismus (m)	terrorisme	[terrorismə]
Terrorist (m)	terroris	[terroris]
Geisel (m, f)	gyselaar	[χajsəlār]

betrügen (vt)	bedrieg	[bedrəχ]
Betrug (m)	bedrog	[bedroχ]
Betrüger (m)	bedrieër	[bedriɛr]

bestechen (vt)	omkoop	[omkoəp]
Bestechlichkeit (f)	omkopery	[omkoperaj]
Bestechungsgeld (n)	omkoopgeld	[omkoəp·χɛlt]

Gift (n)	gif	[χif]
vergiften (vt)	vergiftig	[ferχiftəχ]
sich vergiften	jouself vergiftig	[jæʊsɛlf ferχiftəχ]

Selbstmord (m)	selfmoord	[sɛlfmoərt]
Selbstmörder (m)	selfmoordenaar	[sɛlfmoərdenār]
drohen (vi)	dreig	[dræjχ]
Drohung (f)	dreigement	[dræjχement]

Attentat (n)	aanslag	[āŋslaχ]
stehlen (Auto ~)	steel	[steəl]
entführen (Flugzeug ~)	kaap	[kāp]

Rache (f)	wraak	[vrāk]
sich rächen	wreek	[vreək]

foltern (vt)	martel	[martəl]
Folter (f)	marteling	[martəliŋ]
quälen (vt)	folter	[foltər]

Seeräuber (m)	piraat, seerower	[pirāt], [see·rovər]
Rowdy (m)	skollie	[skolli]
bewaffnet	gewapen	[χevapen]
Gewalt (f)	geweld	[χevɛlt]
ungesetzlich	onwettig	[onwɛttəχ]

Spionage (f)	spioenasie	[spiunasi]
spionieren (vi)	spioeneer	[spiuneər]

120. Polizei Recht. Teil 1

Justiz (f)	justisie	[jəstisi]
Gericht (n)	geregshof	[χereχshof]

Richter (m)	regter	[reχtər]
Geschworenen (pl)	jurielede	[juriledə]
Geschworenengericht (n)	jurieregspraak	[juri·reχsprāk]
richten (vt)	bereg	[bereχ]

Rechtsanwalt (m)	advokaat	[adfokāt]
Angeklagte (m)	beklaagde	[beklāχdə]
Anklagebank (f)	beklaagdebank	[beklāχdə·bank]

Anklage (f)	aanklag	[ānklaχ]
Beschuldigte (m)	beskuldigde	[beskuldiχdə]

Urteil (n)	vonnis	[fonnis]
verurteilen (vt)	veroordeel	[feroərdeəl]

Schuldige (m)	skuldig	[skuldəχ]
bestrafen (vt)	straf	[straf]
Strafe (f)	straf	[straf]

Geldstrafe (f)	boete	[butə]
lebenslange Haft (f)	lewenslange gevangenisstraf	[levɛŋslanə χefaŋenis·straf]
Todesstrafe (f)	doodstraf	[doədstraf]
elektrischer Stuhl (m)	elektriese stoel	[ɛlektrisə stul]
Galgen (m)	galg	[χalχ]

hinrichten (vt)	eksekuteer	[ɛksekuteər]
Hinrichtung (f)	eksekusie	[ɛksekusi]
Gefängnis (n)	tronk	[tronk]

Zelle (f)	sel	[səl]
Eskorte (f)	eskort	[ɛskort]
Gefängniswärter (m)	tronkbewaarder	[tronk·bevārdər]
Gefangene (m)	gevangene	[χefaŋənə]

| Handschellen (pl) | handboeie | [hant·buje] |
| Handschellen anlegen | in die boeie slaan | [in di buje slān] |

Ausbruch (Flucht)	ontsnapping	[ontsnappiŋ]
ausbrechen (vi)	ontsnap	[ontsnap]
verschwinden (vi)	verdwyn	[ferdwajn]
aus ... entlassen	vrylaat	[frajlāt]
Amnestie (f)	amnestie	[amnesti]

Polizei (f)	polisie	[polisi]
Polizist (m)	polisieman	[polisi·man]
Polizeiwache (f)	polisiestasie	[polisi·stasi]
Gummiknüppel (m)	knuppel	[knuppəl]
Sprachrohr (n)	megafoon	[meχafoən]

Streifenwagen (m)	patrolliemotor	[patrolli·motor]
Sirene (f)	sirene	[sirenə]
die Sirene einschalten	die sirene aanskakel	[di sirenə āŋskakəl]
Sirenengeheul (n)	sirenegeloei	[sirenə·χelui]

Tatort (m)	misdaadtoneel	[misdād·toneəl]
Zeuge (m)	getuie	[χetœiə]
Freiheit (f)	vryheid	[frajhæjt]
Komplize (m)	medepligtige	[medə·pliχtiχə]
verschwinden (vi)	ontvlug	[ontfluχ]
Spur (f)	spoor	[spoər]

121. Polizei. Recht. Teil 2

Fahndung (f)	soektog	[suktoχ]
suchen (vt)	soek ...	[suk ...]
Verdacht (m)	verdenking	[ferdɛnkiŋ]
verdächtig (Adj)	verdag	[ferdaχ]
anhalten (Polizei)	teëhou	[teɛhæʊ]
verhaften (vt)	aanhou	[ānhæʊ]

Fall (m), Klage (f)	hofsaak	[hofsāk]
Untersuchung (f)	ondersoek	[ondərsuk]
Detektiv (m)	speurder	[spøərdər]
Ermittlungsrichter (m)	speurder	[spøərdər]
Version (f)	hipotese	[hipotesə]

Motiv (n)	motief	[motif]
Verhör (n)	ondervraging	[ondərfraχiŋ]
verhören (vt)	ondervra	[ondərfra]
vernehmen (vt)	verhoor	[ferhoər]
Kontrolle (Personen-)	kontroleer	[kontroleər]
Razzia (f)	klopjag	[klopjaχ]
Durchsuchung (f)	huissoeking	[hœis·sukiŋ]

Verfolgung (f)	**agtervolging**	[aχtərfolχiŋ]
nachjagen (vi)	**agtervolg**	[aχtərfolχ]
verfolgen (vt)	**opspoor**	[opspoər]
Verhaftung (f)	**inhegtenisneming**	[inheχtenis·nemiŋ]
verhaften (vt)	**arresteer**	[arresteər]
fangen (vt)	**vang**	[faŋ]
Festnahme (f)	**opsporing**	[opsporiŋ]
Dokument (n)	**dokument**	[dokument]
Beweis (m)	**bewys**	[bevajs]
beweisen (vt)	**bewys**	[bevajs]
Fußspur (f)	**voetspoor**	[futspoər]
Fingerabdrücke (pl)	**vingerafdrukke**	[fiŋər·afdrukkə]
Beweisstück (n)	**bewysstuk**	[bevajs·stuk]
Alibi (n)	**alibi**	[alibi]
unschuldig	**onskuldig**	[ɔŋskuldəχ]
Ungerechtigkeit (f)	**onreg**	[onreχ]
ungerecht	**onregverdig**	[onreχferdəχ]
Kriminal-	**krimineel**	[krimineəl]
beschlagnahmen (vt)	**in beslag neem**	[in beslaχ neəm]
Droge (f)	**dwelm**	[dwɛlm]
Waffe (f)	**wapen**	[vapen]
entwaffnen (vt)	**ontwapen**	[ontvapen]
befehlen (vt)	**beveel**	[befeəl]
verschwinden (vi)	**verdwyn**	[ferdwajn]
Gesetz (n)	**wet**	[vet]
gesetzlich	**wettig**	[vɛttəχ]
ungesetzlich	**onwettig**	[onwɛttəχ]
Verantwortlichkeit (f)	**verantwoordelikheid**	[ferant·voərdelikhæjt]
verantwortlich	**verantwoordelik**	[ferant·voərdelik]

NATUR

Die Erde. Teil 1

122. Weltall

Kosmos (m)	kosmos	[kosmos]
kosmisch, Raum-	kosmies	[kosmis]
Weltraum (m)	buitenste ruimte	[bœitɛŋstə rajmtə]
All (n)	wêreld	[værɛlt]
Universum (n)	heelal	[heəlal]
Galaxie (f)	sterrestelsel	[sterrə·stɛlsəl]
Stern (m)	ster	[ster]
Gestirn (n)	sterrebeeld	[sterrə·beəlt]
Planet (m)	planeet	[planeət]
Satellit (m)	satelliet	[satɛllit]
Meteorit (m)	meteoriet	[meteorit]
Komet (m)	komeet	[komeət]
Asteroid (m)	asteroïed	[asteroïət]
Umlaufbahn (f)	baan	[bān]
sich drehen	draai	[drāi]
Atmosphäre (f)	atmosfeer	[atmosfeər]
Sonne (f)	die Son	[di son]
Sonnensystem (n)	sonnestelsel	[sonnə·stɛlsəl]
Sonnenfinsternis (f)	sonsverduistering	[sɔŋs·ferdœisteriŋ]
Erde (f)	die Aarde	[di ārdə]
Mond (m)	die Maan	[di mān]
Mars (m)	Mars	[mars]
Venus (f)	Venus	[fenus]
Jupiter (m)	Jupiter	[jupitər]
Saturn (m)	Saturnus	[saturnus]
Merkur (m)	Mercurius	[merkurius]
Uran (m)	Uranus	[uranus]
Neptun (m)	Neptunus	[neptunus]
Pluto (m)	Pluto	[pluto]
Milchstraße (f)	Melkweg	[melk·weχ]
Der Große Bär	Groot Beer	[χroət beər]
Polarstern (m)	Poolster	[poəl·stər]
Marsbewohner (m)	marsbewoner	[mars·bevonər]
Außerirdischer (m)	buiteaardse wese	[bœite·ārdsə vesə]

| außerirdisches Wesen (n) | ruimtewese | [rœimtə·vesə] |
| fliegende Untertasse (f) | vlieënde skottel | [fliɛndə skottəl] |

Raumschiff (n)	ruimteskip	[rœimtə·skip]
Raumstation (f)	ruimtestasie	[rœimtə·stasi]
Raketenstart (m)	vertrek	[fertrek]

Triebwerk (n)	enjin	[ɛndʒin]
Düse (f)	uitlaatpyp	[œitlāt·pajp]
Treibstoff (m)	brandstof	[brantstof]

Kabine (f)	stuurkajuit	[stɪr·kajœit]
Antenne (f)	lugdraad	[luχdrāt]
Bullauge (n)	patryspoort	[patrəjs·poərt]
Sonnenbatterie (f)	sonpaneel	[son·paneəl]
Raumanzug (m)	ruimtepak	[rœimtə·pak]

| Schwerelosigkeit (f) | gewigloosheid | [χeviχloəshæjt] |
| Sauerstoff (m) | suurstof | [sɪrstof] |

| Ankopplung (f) | koppeling | [koppeliŋ] |
| koppeln (vi) | koppel | [koppəl] |

Observatorium (n)	observatorium	[observatorium]
Teleskop (n)	teleskoop	[teleskoəp]
beobachten (vt)	waarneem	[vārneəm]
erforschen (vt)	eksploreer	[ɛksploreər]

123. Die Erde

Erde (f)	die Aarde	[di ārdə]
Erdkugel (f)	die aardbol	[di ārdbol]
Planet (m)	planeet	[planeət]

Atmosphäre (f)	atmosfeer	[atmosfeər]
Geographie (f)	geografie	[χeoχrafi]
Natur (f)	natuur	[natɪr]

Globus (m)	aardbol	[ārd·bol]
Landkarte (f)	kaart	[kārt]
Atlas (m)	atlas	[atlas]

| Europa (n) | Europa | [øəropa] |
| Asien (n) | Asië | [asiɛ] |

| Afrika (n) | Afrika | [afrika] |
| Australien (n) | Australië | [ɔustraliɛ] |

Amerika (n)	Amerika	[amerika]
Nordamerika (n)	Noord-Amerika	[noərd-amerika]
Südamerika (n)	Suid-Amerika	[sœid-amerika]

| Antarktis (f) | Suidpool | [sœid·poəl] |
| Arktis (f) | Noordpool | [noərd·poəl] |

124. Himmelsrichtungen

Norden (m)	noorde	[noərdə]
nach Norden	na die noorde	[na di noərdə]
im Norden	in die noorde	[in di noərdə]
nördlich	noordelik	[noərdəlik]
Süden (m)	suide	[sœidə]
nach Süden	na die suide	[na di sœidə]
im Süden	in die suide	[in di sœidə]
südlich	suidelik	[sœidəlik]
Westen (m)	weste	[vestə]
nach Westen	na die weste	[na di vestə]
im Westen	in die weste	[in di vestə]
westlich, West-	westelik	[vestelik]
Osten (m)	ooste	[oəstə]
nach Osten	na die ooste	[na di oəstə]
im Osten	in die ooste	[in di oəstə]
östlich	oostelik	[oəstəlik]

125. Meer. Ozean

Meer (n), See (f)	see	[seə]
Ozean (m)	oseaan	[oseãn]
Golf (m)	golf	[χolf]
Meerenge (f)	straat	[strãt]
Festland (n)	land	[lant]
Kontinent (m)	kontinent	[kontinent]
Insel (f)	eiland	[æjlant]
Halbinsel (f)	skiereiland	[skir·æjlant]
Archipel (m)	argipel	[arχipəl]
Bucht (f)	baai	[bãi]
Hafen (m)	hawe	[havə]
Lagune (f)	strandmeer	[strand·meər]
Kap (n)	kaap	[kãp]
Atoll (n)	atol	[atol]
Riff (n)	rif	[rif]
Koralle (f)	koraal	[korãl]
Korallenriff (n)	koraalrif	[korãl·rif]
tief (Adj)	diep	[dip]
Tiefe (f)	diepte	[diptə]
Abgrund (m)	afgrond	[afχront]
Graben (m)	trog	[troχ]
Strom (m)	stroming	[stromiŋ]
umspülen (vt)	omring	[omriŋ]

| Ufer (n) | oewer | [uvər] |
| Küste (f) | kus | [kus] |

Flut (f)	hoogwater	[hoəχ·vatər]
Ebbe (f)	laagwater	[lãχ·vatər]
Sandbank (f)	sandbank	[sand·bank]
Boden (m)	bodem	[bodem]

Welle (f)	golf	[χolf]
Wellenkamm (m)	kruin	[krœin]
Schaum (m)	skuim	[skœim]

Sturm (m)	storm	[storm]
Orkan (m)	orkaan	[orkãn]
Tsunami (m)	tsunami	[tsunami]
Windstille (f)	windstilte	[vindstiltə]
ruhig	kalm	[kalm]

| Pol (m) | pool | [poəl] |
| Polar- | polêr | [polær] |

Breite (f)	breedtegraad	[breədtə·χrãt]
Länge (f)	lengtegraad	[leŋtə·χrãt]
Breitenkreis (m)	parallel	[paralləl]
Äquator (m)	ewenaar	[ɛvenãr]

Himmel (m)	hemel	[hemәl]
Horizont (m)	horison	[horison]
Luft (f)	lug	[luχ]

Leuchtturm (m)	vuurtoring	[fɪrtoriŋ]
tauchen (vi)	duik	[dœik]
versinken (vi)	sink	[sink]
Schätze (pl)	skatte	[skattə]

126. Namen der Meere und Ozeane

Atlantischer Ozean (m)	Atlantiese oseaan	[atlantisə oseãn]
Indischer Ozean (m)	Indiese Oseaan	[indisə oseãn]
Pazifischer Ozean (m)	Stille Oseaan	[stillə oseãn]
Arktischer Ozean (m)	Noordelike Yssee	[noərdelikə ajs·see]

Schwarzes Meer (n)	Swart See	[swart see]
Rotes Meer (n)	Rooi See	[roj see]
Gelbes Meer (n)	Geel See	[χeel see]
Weißes Meer (n)	Witsee	[vit·see]

Kaspisches Meer (n)	Kaspiese See	[kaspisə see]
Totes Meer (n)	Dooie See	[dojə see]
Mittelmeer (n)	Middellandse See	[middəllandsə see]

Ägäisches Meer (n)	Egeïese See	[ɛχejesə see]
Adriatisches Meer (n)	Adriatiese See	[adriatisə see]
Arabisches Meer (n)	Arabiese See	[arabisə see]

Japanisches Meer (n)	Japanse See	[japaŋsə seə]
Beringmeer (n)	Beringsee	[beriŋ·seə]
Südchinesisches Meer (n)	Suid-Sjinese See	[sœid-ʃinesə seə]

Korallenmeer (n)	Koraalsee	[korāl·seə]
Tasmansee (f)	Tasmansee	[tasmaŋ·seə]
Karibisches Meer (n)	Karibiese See	[karibisə seə]

| Barentssee (f) | Barentssee | [barents·seə] |
| Karasee (f) | Karasee | [kara·seə] |

Nordsee (f)	Noordsee	[noərd·seə]
Ostsee (f)	Baltiese See	[baltisə seə]
Nordmeer (n)	Noorse See	[noərsə seə]

127. Berge

Berg (m)	berg	[berχ]
Gebirgskette (f)	bergreeks	[berχ·reəks]
Bergrücken (m)	bergrug	[berχ·ruχ]

Gipfel (m)	top	[top]
Spitze (f)	piek	[pik]
Bergfuß (m)	voet	[fut]
Abhang (m)	helling	[hɛlliŋ]

Vulkan (m)	vulkaan	[fulkān]
tätiger Vulkan (m)	aktiewe vulkaan	[aktivə fulkān]
schlafender Vulkan (m)	rustende vulkaan	[rustendə fulkān]

Ausbruch (m)	uitbarsting	[œitbarstiŋ]
Krater (m)	krater	[kratər]
Magma (n)	magma	[maχma]
Lava (f)	lawa	[lava]
glühend heiß (-e Lava)	gloeiende	[χlujendə]

Cañon (m)	diepkloof	[dip·kloəf]
Schlucht (f)	kloof	[kloəf]
Spalte (f)	skeur	[skøər]
Abgrund (m) (steiler ~)	afgrond	[afχront]

Gebirgspass (m)	bergpas	[berχ·pas]
Plateau (n)	plato	[plato]
Fels (m)	krans	[kraŋs]
Hügel (m)	kop	[kop]

Gletscher (m)	gletser	[χletsər]
Wasserfall (m)	waterval	[vatər·fal]
Geiser (m)	geiser	[χæjsər]
See (m)	meer	[meər]

Ebene (f)	vlakte	[flaktə]
Landschaft (f)	landskap	[landskap]
Echo (n)	eggo	[ɛχχo]

Bergsteiger (m)	alpinis	[alpinis]
Kletterer (m)	bergklimmer	[berχ·klimmər]
bezwingen (vt)	baasraak	[bāsrāk]
Aufstieg (m)	beklimming	[beklimmiŋ]

128. Namen der Berge

Alpen (pl)	die Alpe	[di alpə]
Montblanc (m)	Mont Blanc	[mon blan]
Pyrenäen (pl)	die Pireneë	[di pirenɛ]

Karpaten (pl)	die Karpate	[di karpatə]
Uralgebirge (n)	die Oeralgebergte	[di ural·χəberχtə]
Kaukasus (m)	die Koukasus Gebergte	[di kæukasus χəberχtə]
Elbrus (m)	Elbroes	[ɛlbrus]

Altai (m)	die Altai-gebergte	[di altaj-χəberχtə]
Tian Shan (m)	die Tian Shan	[di tian ʃan]
Pamir (m)	die Pamir	[di pamir]
Himalaja (m)	die Himalajas	[di himalajas]
Everest (m)	Everest	[ɛverest]

| Anden (pl) | die Andes | [di andes] |
| Kilimandscharo (m) | Kilimanjaro | [kilimandʒaro] |

129. Flüsse

Fluss (m)	rivier	[rifir]
Quelle (f)	bron	[bron]
Flussbett (n)	rivierbed	[rifir·bet]
Stromgebiet (n)	stroomgebied	[stroəm·χebit]
einmünden in ...	uitmond in ...	[œitmont in ...]

| Nebenfluss (m) | syrivier | [saj·rifir] |
| Ufer (n) | oewer | [uvər] |

Strom (m)	stroming	[stromiŋ]
stromabwärts	stroomafwaarts	[stroəm·afvārts]
stromaufwärts	stroomopwaarts	[stroəm·opvārts]

Überschwemmung (f)	oorstroming	[oərstromiŋ]
Hochwasser (n)	oorstroming	[oərstromiŋ]
aus den Ufern treten	oor sy walle loop	[oər saj vallə loəp]
überfluten (vt)	oorstroom	[oərstroəm]

| Sandbank (f) | sandbank | [sand·bank] |
| Stromschnelle (f) | stroomversnellings | [stroəm·fersnɛlliŋs] |

Damm (m)	damwal	[dam·wal]
Kanal (m)	kanaal	[kanāl]
Stausee (m)	opgaardam	[opχār·dam]
Schleuse (f)	sluis	[slœis]

Gewässer (n)	dam	[dam]
Sumpf (m), Moor (n)	moeras	[muras]
Marsch (f)	vlei	[flæj]
Strudel (m)	draaikolk	[drāj·kolk]

Bach (m)	spruit	[sprœit]
Trink- (z.B. Trinkwasser)	drink-	[drink-]
Süß- (Wasser)	vars	[fars]

| Eis (n) | ys | [ajs] |
| zufrieren (vi) | bevries | [befris] |

130. Namen der Flüsse

| Seine (f) | Seine | [sæjn] |
| Loire (f) | Loire | [lua:r] |

Themse (f)	Teems	[tems]
Rhein (m)	Ryn	[rajn]
Donau (f)	Donau	[donɔu]

Wolga (f)	Wolga	[volga]
Don (m)	Don	[don]
Lena (f)	Lena	[lena]

Gelber Fluss (m)	Geel Rivier	[χeel rifir]
Jangtse (m)	Blou Rivier	[blæʊ rifir]
Mekong (m)	Mekong	[mekoŋ]
Ganges (m)	Ganges	[χaŋəs]

Nil (m)	Nyl	[najl]
Kongo (m)	Kongorivier	[kongo·rifir]
Okavango (m)	Okavango	[okavango]
Sambesi (m)	Zambezi	[sambesi]
Limpopo (m)	Limpopo	[limpopo]
Mississippi (m)	Mississippi	[mississippi]

131. Wald

| Wald (m) | bos | [bos] |
| Wald- | bos- | [bos-] |

Dickicht (n)	woud	[væʊt]
Gehölz (n)	boord	[boərt]
Lichtung (f)	oopte	[oəptə]

| Dickicht (n) | struikgewas | [strœik·χevas] |
| Gebüsch (n) | struikveld | [strœik·fɛlt] |

Fußweg (m)	paadjie	[pādʒi]
Erosionsrinne (f)	donga	[donχa]
Baum (m)	boom	[boəm]

| Blatt (n) | blaar | [blãr] |
| Laub (n) | blare | [blarə] |

Laubfall (m)	val van die blare	[fal fan di blarə]
fallen (Blätter)	val	[fal]
Wipfel (m)	boomtop	[boəm·top]

Zweig (m)	tak	[tak]
Ast (m)	tak	[tak]
Knospe (f)	knop	[knop]
Nadel (f)	naald	[nãlt]
Zapfen (m)	dennebol	[dɛnnə·bol]

Höhlung (f)	holte	[holtə]
Nest (n)	nes	[nes]
Höhle (f)	gat	[χat]

Stamm (m)	stam	[stam]
Wurzel (f)	wortel	[vortəl]
Rinde (f)	bas	[bas]
Moos (n)	mos	[mos]

entwurzeln (vt)	ontwortel	[ontwortəl]
fällen (vt)	omkap	[omkap]
abholzen (vt)	ontbos	[ontbos]
Baumstumpf (m)	boomstomp	[boəm·stomp]

Lagerfeuer (n)	kampvuur	[kampfɪr]
Waldbrand (m)	bosbrand	[bos·brant]
löschen (vt)	blus	[blus]

Förster (m)	boswagter	[bos·waχtər]
Schutz (m)	beskerming	[beskermiŋ]
beschützen (vt)	beskerm	[beskerm]
Wilddieb (m)	wildstroper	[vilt·stropər]
Falle (f)	slagyster	[slaχ·ajstər]

sammeln (Pilze ~)	pluk	[pluk]
pflücken (Beeren ~)	pluk	[pluk]
sich verirren	verdwaal	[ferdwãl]

132. natürliche Lebensgrundlagen

Naturressourcen (pl)	natuurlike bronne	[natɪrlikə bronnə]
Bodenschätze (pl)	minerale	[mineralə]
Vorkommen (n)	lae	[laə]
Feld (Ölfeld usw.)	veld	[fɛlt]

gewinnen (vt)	myn	[majn]
Gewinnung (f)	myn	[majn]
Erz (n)	erts	[ɛrts]
Bergwerk (n)	myn	[majn]
Schacht (m)	mynskag	[majn·skaχ]
Bergarbeiter (m)	mynwerker	[majn·werkər]

| Erdgas (n) | gas | [χas] |
| Gasleitung (f) | gaspyp | [χas·pajp] |

Erdöl (n)	olie	[oli]
Erdölleitung (f)	olipypleiding	[oli·pajp·læjdiŋ]
Ölquelle (f)	oliebron	[oli·bron]
Bohrturm (m)	boortoring	[boǝr·toriŋ]
Tanker (m)	tenkskip	[tɛnk·skip]

Sand (m)	sand	[sant]
Kalkstein (m)	kalksteen	[kalksteǝn]
Kies (m)	gruis	[χrœis]
Torf (m)	veengrond	[feǝnχront]
Ton (m)	klei	[klæj]
Kohle (f)	steenkool	[steǝn·koǝl]

Eisen (n)	yster	[ajstǝr]
Gold (n)	goud	[χæʊt]
Silber (n)	silwer	[silwǝr]
Nickel (n)	nikkel	[nikkǝl]
Kupfer (n)	koper	[kopǝr]

Zink (n)	sink	[sink]
Mangan (n)	mangaan	[mɑnχãn]
Quecksilber (n)	kwik	[kwik]
Blei (n)	lood	[loǝt]

Mineral (n)	mineraal	[minerãl]
Kristall (m)	kristal	[kristal]
Marmor (m)	marmer	[marmǝr]
Uran (n)	uraan	[urãn]

Die Erde. Teil 2

133. Wetter

Wetter (n)	weer	[veər]
Wetterbericht (m)	weersvoorspelling	[veərs·foərspɛliŋ]
Temperatur (f)	temperatuur	[temperatɪr]
Thermometer (n)	termometer	[termometər]
Barometer (n)	barometer	[barometər]
feucht	klam	[klam]
Feuchtigkeit (f)	vogtigheid	[foχtiχæjt]
Hitze (f)	hitte	[hittə]
glutheiß	heet	[heət]
ist heiß	dis vrekwarm	[dis frekvarm]
ist warm	dit is warm	[dit is varm]
warm (Adj)	louwarm	[læʊvarm]
ist kalt	dis koud	[dis kæʊt]
kalt (Adj)	koud	[kæʊt]
Sonne (f)	son	[son]
scheinen (vi)	skyn	[skajn]
sonnig (Adj)	sonnig	[sonnəχ]
aufgehen (vi)	opkom	[opkom]
untergehen (vi)	ondergaan	[ondərχān]
Wolke (f)	wolk	[volk]
bewölkt, wolkig	bewolk	[bevolk]
Regenwolke (f)	reênwolk	[reɛn·wolk]
trüb (-er Tag)	somber	[sombər]
Regen (m)	reên	[reɛn]
Es regnet	dit reên	[dit reɛn]
regnerisch (-er Tag)	reênerig	[reɛnerəχ]
nieseln (vi)	motreên	[motreɛn]
strömender Regen (m)	stortbui	[stortbœi]
Regenschauer (m)	reênvlaag	[reɛn·flāχ]
stark (-er Regen)	swaar	[swār]
Pfütze (f)	poeletjie	[puləki]
nass werden (vi)	nat word	[nat vort]
Nebel (m)	mis	[mis]
neblig (-er Tag)	mistig	[mistəχ]
Schnee (m)	sneeu	[sniʊ]
Es schneit	dit sneeu	[dit sniʊ]

134. Unwetter Naturkatastrophen

Gewitter (n)	donderstorm	[dondər·storm]
Blitz (m)	weerlig	[veərlə χ]
blitzen (vi)	flits	[flits]

Donner (m)	donder	[dondər]
donnern (vi)	donder	[dondər]
Es donnert	dit donder	[dit dondər]

| Hagel (m) | hael | [haəl] |
| Es hagelt | dit hael | [dit haəl] |

| überfluten (vt) | oorstroom | [oərstroəm] |
| Überschwemmung (f) | oorstroming | [oərstromiŋ] |

Erdbeben (n)	aardbewing	[ārd·beviŋ]
Erschütterung (f)	aardskok	[ārd·skok]
Epizentrum (n)	episentrum	[ɛpisentrum]

| Ausbruch (m) | uitbarsting | [œitbarstiŋ] |
| Lava (f) | lawa | [lava] |

Wirbelsturm (m)	tornado	[tornado]
Tornado (m)	tornado	[tornado]
Taifun (m)	tifoon	[tifoən]

Orkan (m)	orkaan	[orkān]
Sturm (m)	storm	[storm]
Tsunami (m)	tsunami	[tsunami]

Zyklon (m)	sikloon	[sikloən]
Unwetter (n)	slegte weer	[sleχtə veər]
Brand (m)	brand	[brant]
Katastrophe (f)	ramp	[ramp]
Meteorit (m)	meteoriet	[meteorit]

Lawine (f)	lawine	[lavinə]
Schneelawine (f)	sneeulawine	[sniʊ·lavinə]
Schneegestöber (n)	sneeustorm	[sniʊ·storm]
Schneesturm (m)	sneeustorm	[sniʊ·storm]

Fauna

135. Säugetiere. Raubtiere

Raubtier (n)	roofdier	[roəf·dir]
Tiger (m)	tier	[tir]
Löwe (m)	leeu	[liʊ]
Wolf (m)	wolf	[volf]
Fuchs (m)	vos	[fos]
Jaguar (m)	jaguar	[jaχuar]
Leopard (m)	luiperd	[lœipert]
Gepard (m)	jagluiperd	[jaχ·lœipert]
Panther (m)	swart luiperd	[swart lœipert]
Puma (m)	poema	[puma]
Schneeleopard (m)	sneeuluiperd	[sniʊ·lœipert]
Luchs (m)	los	[los]
Kojote (m)	prêriewolf	[præri·volf]
Schakal (m)	jakkals	[jakkals]
Hyäne (f)	hiëna	[hiɛna]

136. Tiere in freier Wildbahn

Tier (n)	dier	[dir]
Bestie (f)	beest	[beəst]
Eichhörnchen (n)	eekhoring	[eəkhoriŋ]
Igel (m)	krimpvarkie	[krimpfarki]
Hase (m)	hasie	[hasi]
Kaninchen (n)	konyn	[konajn]
Dachs (m)	das	[das]
Waschbär (m)	wasbeer	[vasbeər]
Hamster (m)	hamster	[hamstər]
Murmeltier (n)	marmot	[marmot]
Maulwurf (m)	mol	[mol]
Maus (f)	muis	[mœis]
Ratte (f)	rot	[rot]
Fledermaus (f)	vlermuis	[fler·mœis]
Hermelin (n)	hermelyn	[hermǝlajn]
Zobel (m)	sabel, sabeldier	[sabǝl], [sabǝl·dir]
Marder (m)	marter	[martǝr]
Wiesel (n)	wesel	[vesǝl]
Nerz (m)	nerts	[nerts]

| Biber (m) | bewer | [bevər] |
| Fischotter (m) | otter | [ottər] |

Pferd (n)	perd	[pert]
Elch (m)	eland	[ɛlant]
Hirsch (m)	hert	[hert]
Kamel (n)	kameel	[kameəl]

Bison (m)	bison	[bison]
Wisent (m)	wisent	[visent]
Büffel (m)	buffel	[buffəl]

Zebra (n)	sebra, kwagga	[sebra], [kwaχχa]
Antilope (f)	wildsbok	[vilds·bok]
Reh (n)	reebok	[reəbok]
Damhirsch (m)	damhert	[damhert]
Gämse (f)	gems	[χems]
Wildschwein (n)	wildevark	[vildə·fark]

Wal (m)	walvis	[valfis]
Seehund (m)	seehond	[see·hont]
Walroß (n)	walrus	[valrus]
Seebär (m)	seebeer	[see·beər]
Delfin (m)	dolfyn	[dolfajn]

Bär (m)	beer	[beər]
Eisbär (m)	ysbeer	[ajs·beər]
Panda (m)	panda	[panda]

Affe (m)	aap	[āp]
Schimpanse (m)	sjimpansee	[ʃimpaŋsee]
Orang-Utan (m)	orangoetang	[oranχutaŋ]
Gorilla (m)	gorilla	[χorilla]
Makak (m)	makaak	[makāk]
Gibbon (m)	gibbon	[χibbon]

Elefant (m)	olifant	[olifant]
Nashorn (n)	renoster	[renostər]
Giraffe (f)	kameelperd	[kameəl·pert]
Flusspferd (n)	seekoei	[see·kui]

| Känguru (n) | kangaroe | [kanχaru] |
| Koala (m) | koala | [koala] |

Manguste (f)	muishond	[mœis·hont]
Chinchilla (n)	chinchilla, tjintjilla	[tʃin·tʃila]
Stinktier (n)	stinkmuishond	[stinkmœis·hont]
Stachelschwein (n)	ystervark	[ajstər·fark]

137. Haustiere

Katze (f)	kat	[kat]
Kater (m)	kater	[katər]
Hund (m)	hond	[hont]

Pferd (n)	perd	[pert]
Hengst (m)	hings	[hiŋs]
Stute (f)	merrie	[merri]

Kuh (f)	koei	[kui]
Stier (m)	bul	[bul]
Ochse (m)	os	[os]

Schaf (n)	skaap	[skăp]
Widder (m)	ram	[ram]
Ziege (f)	bok	[bok]
Ziegenbock (m)	bokram	[bok·ram]

| Esel (m) | donkie, esel | [donki], [eisəl] |
| Maultier (n) | muil | [mœil] |

Schwein (n)	vark	[fark]
Ferkel (n)	varkie	[farki]
Kaninchen (n)	konyn	[konajn]

| Huhn (n) | hoender, hen | [hundər], [hen] |
| Hahn (m) | haan | [hăn] |

Ente (f)	eend	[eent]
Enterich (m)	mannetjieseend	[mannəkis·eent]
Gans (f)	gans	[χaŋs]

| Puter (m) | kalkoenmannetjie | [kalkun·mannəki] |
| Pute (f) | kalkoen | [kalkun] |

Haustiere (pl)	huisdiere	[hœis·dirə]
zahm	mak	[mak·]
zähmen (vt)	mak maak	[mak măk]
züchten (vt)	teel	[teəl]

Farm (f)	plaas	[plăs]
Geflügel (n)	pluimvee	[plœimfeə]
Vieh (n)	beeste	[beəstə]
Herde (f)	kudde	[kuddə]

Pferdestall (m)	stal	[stal]
Schweinestall (m)	varkstal	[fark·stal]
Kuhstall (m)	koeistal	[kui·stal]
Kaninchenstall (m)	konynehok	[konajnə·hok]
Hühnerstall (m)	hoenderhok	[hundər·hok]

138. Vögel

Vogel (m)	voël	[foɛl]
Taube (f)	duif	[dœif]
Spatz (m)	mossie	[mossi]
Meise (f)	mees	[meəs]
Elster (f)	ekster	[ɛkstər]
Rabe (m)	raaf	[răf]

Krähe (f)	kraai	[krãi]
Dohle (f)	kerkkraai	[kerk·krãi]
Saatkrähe (f)	roek	[ruk]

Ente (f)	eend	[eent]
Gans (f)	gans	[χaŋs]
Fasan (m)	fisant	[fisant]

Adler (m)	arend	[arɛnt]
Habicht (m)	sperwer	[sperwər]
Falke (m)	valk	[falk]
Greif (m)	aasvoël	[ãsfoɛl]
Kondor (m)	kondor	[kondor]

Schwan (m)	swaan	[swãn]
Kranich (m)	kraanvoël	[krãn·foɛl]
Storch (m)	ooievaar	[ojefãr]

Papagei (m)	papegaai	[papəχãi]
Kolibri (m)	kolibrie	[kolibri]
Pfau (m)	pou	[pæʊ]

Strauß (m)	volstruis	[folstrœis]
Reiher (m)	reier	[ræjer]
Flamingo (m)	flamink	[flamink]
Pelikan (m)	pelikaan	[pelikãn]

| Nachtigall (f) | nagtegaal | [naχteχãl] |
| Schwalbe (f) | swael | [swaəl] |

Drossel (f)	lyster	[lajstər]
Singdrossel (f)	sanglyster	[saŋlajstər]
Amsel (f)	merel	[merəl]

Segler (m)	windswael	[vindswaəl]
Lerche (f)	lewerik	[leverik]
Wachtel (f)	kwartel	[kwartəl]

Specht (m)	speg	[speχ]
Kuckuck (m)	koekoek	[kukuk]
Eule (f)	uil	[œil]
Uhu (m)	ooruil	[oərœil]
Auerhahn (m)	auerhoen	[ɔuer·hun]
Birkhahn (m)	korhoen	[korhun]
Rebhuhn (n)	patrys	[patrajs]

Star (m)	spreeu	[spriʊ]
Kanarienvogel (m)	kanarie	[kanari]
Haselhuhn (n)	bonasa hoen	[bonasa hun]

| Buchfink (m) | gryskoppie | [χrajskoppi] |
| Gimpel (m) | bloedvink | [bludfink] |

Möwe (f)	seemeeu	[seəmiʊ]
Albatros (m)	albatros	[albatros]
Pinguin (m)	pikkewyn	[pikkəvajn]

139. Fische. Meerestiere

Brachse (f)	brasem	[brasem]
Karpfen (m)	karp	[karp]
Barsch (m)	baars	[bārs]
Wels (m)	katvis, seebaber	[katfis], [see·babər]
Hecht (m)	snoek	[snuk]

| Lachs (m) | salm | [salm] |
| Stör (m) | steur | [støər] |

Hering (m)	haring	[hariŋ]
atlantische Lachs (m)	atlantiese salm	[atlantisə salm]
Makrele (f)	makriel	[makril]
Scholle (f)	platvis	[platfis]

Zander (m)	varswatersnoek	[farswatər·snuk]
Dorsch (m)	kabeljou	[kabeljæʊ]
Tunfisch (m)	tuna	[tuna]
Forelle (f)	forel	[forəl]

Aal (m)	paling	[paliŋ]
Zitterrochen (m)	drilvis	[drilfis]
Muräne (f)	bontpaling	[bontpaliŋ]
Piranha (m)	piranha	[piranha]

Hai (m)	haai	[hāi]
Delfin (m)	dolfyn	[dolfajn]
Wal (m)	walvis	[valfis]

Krabbe (f)	krap	[krap]
Meduse (f)	jellievis	[jelli·fis]
Krake (m)	seekat	[see·kat]

Seestern (m)	seester	[see·stər]
Seeigel (m)	see-egel, seekastaiing	[see-eχel], [see·kastajiŋ]
Seepferdchen (n)	seeperdjie	[see·perdʒi]

Auster (f)	oester	[ustər]
Garnele (f)	garnaal	[χarnāl]
Hummer (m)	kreef	[kreəf]
Languste (f)	seekreef	[see·kreəf]

140. Amphibien Reptilien

| Schlange (f) | slang | [slaŋ] |
| Gift-, giftig | giftig | [χiftəχ] |

Viper (f)	adder	[addər]
Kobra (f)	kobra	[kobra]
Python (m)	luislang	[lœislaŋ]
Boa (f)	boa, konstriktorslang	[boa], [koŋstriktor·slaŋ]
Ringelnatter (f)	ringslang	[riŋ·slaŋ]

| Klapperschlange (f) | ratelslang | [ratǝl·slaŋ] |
| Anakonda (f) | anakonda | [anakonda] |

Eidechse (f)	akkedis	[akkedis]
Leguan (m)	leguaan	[leχuãn]
Waran (m)	likkewaan	[likkevãn]
Salamander (m)	salamander	[salamandǝr]
Chamäleon (n)	verkleurmannetjie	[ferkløǝr·manneki]
Skorpion (m)	skerpioen	[skerpiun]

Schildkröte (f)	skilpad	[skilpat]
Frosch (m)	padda	[padda]
Kröte (f)	brulpadda	[brul·padda]
Krokodil (n)	krokodil	[krokodil]

141. Insekten

Insekt (n)	insek	[insek]
Schmetterling (m)	skoenlapper	[skunlappǝr]
Ameise (f)	mier	[mir]
Fliege (f)	vlieg	[fliχ]
Mücke (f)	muskiet	[muskit]
Käfer (m)	kewer	[kevǝr]

Wespe (f)	perdeby	[perdǝ·baj]
Biene (f)	by	[baj]
Hummel (f)	hommelby	[hommǝl·baj]
Bremse (f)	perdevlieg	[perdǝ·fliχ]

| Spinne (f) | spinnekop | [spinnǝ·kop] |
| Spinnennetz (n) | spinnerak | [spinnǝ·rak] |

Libelle (f)	naaldekoker	[nãldǝ·kokǝr]
Grashüpfer (m)	sprinkaan	[sprinkãn]
Schmetterling (m)	mot	[mot]

Schabe (f)	kakkerlak	[kakkerlak]
Zecke (f)	bosluis	[boslœis]
Floh (m)	vlooi	[floj]
Kriebelmücke (f)	muggie	[muχχi]

Heuschrecke (f)	treksprinkhaan	[trek·sprinkhãn]
Schnecke (f)	slak	[slak]
Heimchen (n)	kriek	[krik]
Leuchtkäfer (m)	vuurvliegie	[fɪrfliχi]
Marienkäfer (m)	lieweheersbesie	[liveheǝrs·besi]
Maikäfer (m)	lentekewer	[lentekevǝr]

Blutegel (m)	bloedsuier	[blud·sœiǝr]
Raupe (f)	ruspe	[ruspǝ]
Wurm (m)	erdwurm	[ɛrd·vurm]
Larve (f)	larwe	[larvǝ]

Flora

142. Bäume

Baum (m)	boom	[boəm]
Laub-	bladwisselend	[bladwisselent]
Nadel-	kegeldraend	[keχɛldraent]
immergrün	immergroen	[immərχrun]
Apfelbaum (m)	appelboom	[appɛl·boəm]
Birnbaum (m)	peerboom	[peər·boəm]
Kirschbaum (m)	kersieboom	[kersi·boəm]
Süßkirschbaum (m)	soetkersieboom	[sutkersi·boəm]
Sauerkirschbaum (m)	suurkersieboom	[sɪrkersi·boəm]
Pflaumenbaum (m)	pruimeboom	[prœimə·boəm]
Birke (f)	berk	[berk]
Eiche (f)	eik	[æjk]
Linde (f)	lindeboom	[lində·boəm]
Espe (f)	trilpopulier	[trilpopulir]
Ahorn (m)	esdoring	[ɛsdoriŋ]
Fichte (f)	spar	[spar]
Kiefer (f)	denneboom	[dɛnnə·boəm]
Lärche (f)	lorkeboom	[lorkə·boəm]
Tanne (f)	den	[den]
Zeder (f)	seder	[sedər]
Pappel (f)	populier	[populir]
Vogelbeerbaum (m)	lysterbessie	[lajstərbɛssi]
Weide (f)	wilger	[vilχər]
Erle (f)	els	[ɛls]
Buche (f)	beuk	[bøək]
Ulme (f)	olm	[olm]
Esche (f)	esboom	[ɛs·boəm]
Kastanie (f)	kastaiing	[kastajiŋ]
Magnolie (f)	magnolia	[maχnolia]
Palme (f)	palm	[palm]
Zypresse (f)	sipres	[sipres]
Mangrovenbaum (m)	wortelboom	[vortəl·boəm]
Baobab (m)	kremetart	[kremetart]
Eukalyptus (m)	bloekom	[blukom]
Mammutbaum (m)	mammoetboom	[mammut·boəm]

143. Büsche

Strauch (m)	struik	[strœik]
Gebüsch (n)	bossie	[bossi]
Weinstock (m)	wingerdstok	[viŋərd·stok]
Weinberg (m)	wingerd	[viŋərt]
Himbeerstrauch (m)	framboosstruik	[framboəs·strœik]
schwarze Johannisbeere (f)	swartbessiestruik	[swartbɛssi·strœik]
rote Johannisbeere (f)	rooi aalbessiestruik	[roj ālbɛssi·strœik]
Stachelbeerstrauch (m)	appelliefiestruik	[appɛllifi·strœik]
Akazie (f)	akasia	[akasia]
Berberitze (f)	suurbessie	[sɪr·bɛssi]
Jasmin (m)	jasmyn	[jasmajn]
Wacholder (m)	jenewer	[jenevər]
Rosenstrauch (m)	roosstruik	[roəs·strœik]
Heckenrose (f)	hondsroos	[honds·roəs]

144. Obst. Beeren

Frucht (f)	vrug	[fruχ]
Früchte (pl)	vrugte	[fruχtə]
Apfel (m)	appel	[appəl]
Birne (f)	peer	[peər]
Pflaume (f)	pruim	[prœim]
Erdbeere (f)	aarbei	[ārbæj]
Kirsche (f)	kersie	[kersi]
Sauerkirsche (f)	suurkersie	[sɪr·kersi]
Süßkirsche (f)	soetkersie	[sut·kersi]
Weintrauben (pl)	druif	[drœif]
Himbeere (f)	framboos	[framboəs]
schwarze Johannisbeere (f)	swartbessie	[swartbɛssi]
rote Johannisbeere (f)	rooi aalbessie	[roj ālbɛssi]
Stachelbeere (f)	appelliefie	[appɛllifi]
Moosbeere (f)	bosbessie	[bosbɛssi]
Apfelsine (f)	lemoen	[lemun]
Mandarine (f)	nartjie	[narki]
Ananas (f)	pynappel	[pajnappəl]
Banane (f)	piesang	[pisaŋ]
Dattel (f)	dadel	[dadəl]
Zitrone (f)	suurlemoen	[sɪr·lemun]
Aprikose (f)	appelkoos	[appɛlkoəs]
Pfirsich (m)	perske	[perskə]
Kiwi (f)	kiwi, kiwivrug	[kivi], [kivi·fruχ]
Grapefruit (f)	pomelo	[pomelo]

Beere (f)	bessie	[bɛssi]
Beeren (pl)	bessies	[bɛssis]
Preiselbeere (f)	pryselbessie	[prajsɛlbɛssi]
Walderdbeere (f)	wilde aarbei	[vildə ārbæj]
Heidelbeere (f)	bloubessie	[blæubɛssi]

145. Blumen. Pflanzen

| Blume (f) | blom | [blom] |
| Blumenstrauß (m) | boeket | [buket] |

Rose (f)	roos	[roəs]
Tulpe (f)	tulp	[tulp]
Nelke (f)	angelier	[anχəlir]
Gladiole (f)	swaardlelie	[swārd·leli]

Kornblume (f)	koringblom	[koriŋblom]
Glockenblume (f)	grasklokkie	[χras·klokki]
Löwenzahn (m)	perdeblom	[perdə·blom]
Kamille (f)	kamille	[kamillə]

Aloe (f)	aalwyn	[ālwajn]
Kaktus (m)	kaktus	[kaktus]
Gummibaum (m)	rubberplant	[rubbər·plant]

Lilie (f)	lelie	[leli]
Geranie (f)	malva	[malfa]
Hyazinthe (f)	hiasint	[hiasint]

Mimose (f)	mimosa	[mimosa]
Narzisse (f)	narsing	[narsiŋ]
Kapuzinerkresse (f)	kappertjie	[kapperki]

Orchidee (f)	orgidee	[orχideə]
Pfingstrose (f)	pinksterroos	[pinkstər·roəs]
Veilchen (n)	viooltjie	[fioəlki]

Stiefmütterchen (n)	gesiggie	[χesiχi]
Vergissmeinnicht (n)	vergeet-my-nietjie	[ferχeət-maj-niki]
Gänseblümchen (n)	madeliefie	[madelifi]

Mohn (m)	papawer	[papavər]
Hanf (m)	hennep	[hɛnnəp]
Minze (f)	kruisement	[krœisəment]

| Maiglöckchen (n) | dallelie | [dalleli] |
| Schneeglöckchen (n) | sneeuklokkie | [sniʊ·klokki] |

Brennnessel (f)	brandnetel	[brant·netəl]
Sauerampfer (m)	veldsuring	[fɛltsuriŋ]
Seerose (f)	waterlelie	[vatər·leli]
Farn (m)	varing	[fariŋ]
Flechte (f)	korsmos	[korsmos]
Gewächshaus (n)	broeikas	[bruikas]

| Rasen (m) | grasperk | [χras·perk] |
| Blumenbeet (n) | blombed | [blom·bet] |

Pflanze (f)	plant	[plant]
Gras (n)	gras	[χras]
Grashalm (m)	grasspriet	[χras·sprit]

Blatt (n)	blaar	[blãr]
Blütenblatt (n)	kroonblaar	[kroǝn·blãr]
Stiel (m)	stingel	[stiŋǝl]
Knolle (f)	knol	[knol]

| Jungpflanze (f) | saailing | [sãjliŋ] |
| Dorn (m) | doring | [doriŋ] |

blühen (vi)	bloei	[blui]
welken (vi)	verlep	[ferlep]
Geruch (m)	reuk	[røǝk]
abschneiden (vt)	sny	[snaj]
pflücken (vt)	pluk	[pluk]

146. Getreide, Körner

Getreide (n)	graan	[χrãn]
Getreidepflanzen (pl)	graangewasse	[χrãn·χǝwassǝ]
Ähre (f)	aar	[ãr]

Weizen (m)	koring	[koriŋ]
Roggen (m)	rog	[roχ]
Hafer (m)	hawer	[havǝr]
Hirse (f)	gierst	[χirst]
Gerste (f)	gars	[χars]

Mais (m)	mielie	[mili]
Reis (m)	rys	[rajs]
Buchweizen (m)	bokwiet	[bokwit]

Erbse (f)	ertjie	[ɛrki]
weiße Bohne (f)	nierboon	[nir·boǝn]
Sojabohne (f)	soja	[soja]
Linse (f)	lensie	[lɛŋsi]
Bohnen (pl)	boontjies	[boǝnkis]

LÄNDER. NATIONALITÄTEN

147. Westeuropa

Europa (n)	Europa	[øəropa]
Europäische Union (f)	Europese Unie	[øəropesə uni]
Österreich	Oostenryk	[oəstenrajk]
Großbritannien	Groot-Brittanje	[xroət-brittanje]
England	Engeland	[ɛŋəlant]
Belgien	België	[belχiɛ]
Deutschland	Duitsland	[dœitslant]
Niederlande (f)	Nederland	[nedərlant]
Holland (n)	Holland	[hollant]
Griechenland	Griekeland	[xrikəlant]
Dänemark	Denemarke	[denemarkə]
Irland	Ierland	[irlant]
Island	Ysland	[ajslant]
Spanien	Spanje	[spanje]
Italien	Italië	[italiɛ]
Zypern	Ciprus	[siprus]
Malta	Malta	[malta]
Norwegen	Noorweë	[noərweɛ]
Portugal	Portugal	[portuχal]
Finnland	Finland	[finlant]
Frankreich	Frankryk	[frankrajk]
Schweden	Swede	[swedə]
Schweiz (f)	Switserland	[switsərlant]
Schottland	Skotland	[skotlant]
Vatikan (m)	Vatikaan	[fatikãn]
Liechtenstein	Lichtenstein	[liχtɛŋstejn]
Luxemburg	Luksemburg	[luksemburχ]
Monaco	Monako	[monako]

148. Mittel- und Osteuropa

Albanien	Albanië	[albaniɛ]
Bulgarien	Bulgarye	[bulχaraje]
Ungarn	Hongarye	[honχaraje]
Lettland	Letland	[letlant]
Litauen	Litoue	[litæʊə]
Polen	Pole	[polə]

Rumänien	Roemenië	[rumeniɛ]
Serbien	Serwië	[serwiɛ]
Slowakei (f)	Slowakye	[slovakaje]

Kroatien	Kroasië	[kroasiɛ]
Tschechien	Tjeggië	[tʃeχiɛ]
Estland	Estland	[ɛstlant]

Bosnien und Herzegowina	Bosnië & Herzegowina	[bosniɛ en hersegovina]
Makedonien	Masedonië	[masedoniɛ]
Slowenien	Slovenië	[slofeniɛ]
Montenegro	Montenegro	[montənegro]

149. Frühere UdSSR Republiken

| Aserbaidschan | Azerbeidjan | [azerbæjdjan] |
| Armenien | Armenië | [armeniɛ] |

Weißrussland	Belarus	[belarus]
Georgien	Georgië	[χeorχiɛ]
Kasachstan	Kazakstan	[kasakstan]
Kirgisien	Kirgisië	[kirχisiɛ]
Moldawien	Moldawië	[moldaviɛ]

| Russland | Rusland | [ruslant] |
| Ukraine (f) | Oekraïne | [ukraïnə] |

Tadschikistan	Tadjikistan	[tadʒikistan]
Turkmenistan	Turkmenistan	[turkmenistan]
Usbekistan	Oezbekistan	[uzbekistan]

150. Asien

Asien	Asië	[asiɛ]
Vietnam	Viëtnam	[viɛtnam]
Indien	Indië	[indiɛ]
Israel	Israel	[israəl]

China	Sjina	[ʃina]
Libanon (m)	Libanon	[libanon]
Mongolei (f)	Mongolië	[monχoliɛ]

| Malaysia | Maleisië | [malæjsiɛ] |
| Pakistan | Pakistan | [pakistan] |

Saudi-Arabien	Saoedi-Arabië	[saudi-arabiɛ]
Thailand	Thailand	[tajlant]
Taiwan	Taiwan	[tajvan]
Türkei (f)	Turkye	[turkaje]
Japan	Japan	[japan]
Afghanistan	Afghanistan	[afχanistan]
Bangladesch	Bangladesj	[bangladeʃ]

| Indonesien | Indonesië | [indonesiɛ] |
| Jordanien | Jordanië | [jordaniɛ] |

Irak	Irak	[irak]
Iran	Iran	[iran]
Kambodscha	Kambodja	[kambodja]
Kuwait	Kuwait	[kuvajt]

Laos	Laos	[laos]
Myanmar	Myanmar	[mjanmar]
Nepal	Nepal	[nepal]
Vereinigten Arabischen Emirate	Verenigde Arabiese Emirate	[fereniχdə arabisə emiratə]

| Syrien | Sirië | [siriɛ] |
| Palästina | Palestina | [palestina] |

| Südkorea | Suid-Korea | [sœid-korea] |
| Nordkorea | Noord-Korea | [noərd-korea] |

151. Nordamerika

Die Vereinigten Staaten	Verenigde State van Amerika	[fereniχdə statə fan amerika]
Kanada	Kanada	[kanada]
Mexiko	Meksiko	[meksiko]

152. Mittel- und Südamerika

Argentinien	Argentinië	[arχentiniɛ]
Brasilien	Brasilië	[brasiliɛ]
Kolumbien	Colombia, Kolombië	[kolombia], [kolombiɛ]

| Kuba | Kuba | [kuba] |
| Chile | Chili | [tʃili] |

| Bolivien | Bolivië | [boliviɛ] |
| Venezuela | Venezuela | [fenesuela] |

| Paraguay | Paraguay | [paragwaj] |
| Peru | Peru | [peru] |

Suriname	Suriname	[surinamə]
Uruguay	Uruguay	[urugwaj]
Ecuador	Ecuador	[ɛkuador]

| Die Bahamas | die Bahamas | [di bahamas] |
| Haiti | Haïti | [haïti] |

Dominikanische Republik	Dominikaanse Republiek	[dominikãŋsə republik]
Panama	Panama	[panama]
Jamaika	Jamaika	[jamajka]

153. Afrika

Ägypten	**Egipte**	[ɛχiptə]
Marokko	**Marokko**	[marokko]
Tunesien	**Tunisië**	[tunisiɛ]
Ghana	**Ghana**	[χana]
Sansibar	**Zanzibar**	[zanzibar]
Kenia	**Kenia**	[kenia]
Libyen	**Libië**	[libiɛ]
Madagaskar	**Madagaskar**	[madaχaskar]
Namibia	**Namibië**	[namibiɛ]
Senegal	**Senegal**	[seneχal]
Tansania	**Tanzanië**	[tansaniɛ]
Republik Südafrika	**Suid-Afrika**	[sœid-afrika]

154. Australien. Ozeanien

Australien	**Australië**	[ɔustraliɛ]
Neuseeland	**Nieu-Seeland**	[niu-seəlant]
Tasmanien	**Tasmanië**	[tasmaniɛ]
Französisch-Polynesien	**Frans-Polinesië**	[fraŋs-polinesiɛ]

155. Städte

Amsterdam	**Amsterdam**	[amsterdam]
Ankara	**Ankara**	[ankara]
Athen	**Athene**	[atenə]
Bagdad	**Bagdad**	[baχdat]
Bangkok	**Bangkok**	[baŋkok]
Barcelona	**Barcelona**	[barselona]
Beirut	**Beiroet**	[bæjrut]
Berlin	**Berlyn**	[berlæjn]
Bombay	**Moembai**	[mumbaj]
Bonn	**Bonn**	[bonn]
Bordeaux	**Bordeaux**	[bordo:]
Bratislava	**Bratislava**	[bratislava]
Brüssel	**Brussel**	[brussəl]
Budapest	**Boedapest**	[budapest]
Bukarest	**Boekarest**	[bukarest]
Chicago	**Chicago**	[ʃikago]
Daressalam	**Dar-es-Salaam**	[dar-es-salām]
Delhi	**Delhi**	[deli]
Den Haag	**Den Haag**	[den hāχ]
Dubai	**Dubai**	[dubaj]
Dublin	**Dublin**	[dablin]

Düsseldorf	**Dusseldorf**	[dussɛldorf]
Florenz	**Florence**	[florɛŋs]
Frankfurt	**Frankfurt**	[frankfurt]
Genf	**Genêve**	[ʤənɛ:v]

Hamburg	**Hamburg**	[hamburχ]
Hanoi	**Hanoi**	[hanoj]
Havanna	**Havana**	[havana]
Helsinki	**Helsinki**	[hɛlsinki]
Hiroshima	**Hiroshima**	[hiroʃima]
Hongkong	**Hongkong**	[hoŋkoŋ]
Istanbul	**Istanbul**	[istanbul]
Jerusalem	**Jerusalem**	[jerusalem]

Kairo	**Cairo**	[kajro]
Kalkutta	**Kalkutta**	[kalkutta]
Kiew	**Kiëf**	[kiɛf]
Kopenhagen	**Kopenhagen**	[kopənχagen]
Kuala Lumpur	**Kuala Lumpur**	[kuala lumpur]

Lissabon	**Lissabon**	[lissabon]
London	**Londen**	[londen]
Los Angeles	**Los Angeles**	[los anʤəles]
Lyon	**Lyon**	[lioŋ]

Madrid	**Madrid**	[madrit]
Marseille	**Marseille**	[marsæj]
Mexiko-Stadt	**Meksiko Stad**	[meksiko stat]
Miami	**Miami**	[majami]
Montreal	**Montreal**	[montreal]
Moskau	**Moskou**	[moskæʊ]
München	**München**	[mønchen]

Nairobi	**Nairobi**	[najrobi]
Neapel	**Napels**	[napɛls]
New York	**New York**	[nju jork]
Nizza	**Nice**	[nis]
Oslo	**Oslo**	[oslo]
Ottawa	**Ottawa**	[ottava]

Paris	**Parys**	[parajs]
Peking	**Beijing**	[bæjʤiŋ]
Prag	**Praag**	[prãχ]
Rio de Janeiro	**Rio de Janeiro**	[rio də janæjro]
Rom	**Rome**	[romə]

Sankt Petersburg	**Sint-Petersburg**	[sint-petersburg]
Schanghai	**Shanghai**	[ʃangaj]
Seoul	**Seoel**	[seul]
Singapur	**Singapore**	[singaporə]
Stockholm	**Stockholm**	[stokχolm]
Sydney	**Sydney**	[sidni]

Taipeh	**Taipei**	[tæjpæj]
Tokio	**Tokio**	[tokio]
Toronto	**Toronto**	[toronto]

Venedig	**Venesië**	[fenesiɛ]
Warschau	**Warskou**	[varskæʊ]
Washington	**Washington**	[vaʃington]
Wien	**Wene**	[venə]